CARSTEN BOTHE

DIE GANZE WELT DES SPIESSGRILLENS

TRAMONTINA

HEEL

HEEL Verlag GmbH
Gut Pottscheidt
53639 Königswinter
Tel.: 02223 9230-0
Fax: 02223 9230-13
E-Mail: info@heel-verlag.de
www.heel-verlag.de

2. Auflage 2022

Autor: Carsten Bothe
Satz und Gestaltung: gb-s Mediendesign, Königswinter
Coverdesign: gb-s Mediendesign, Königswinter
Lektorat: Helge Wittkopp

Fotos: Sandra Then-Friedrich, Bonn www.then-fotografie.de
Mit Ausnahme von:
© Fotolia.de: sunsinger (S. 11)

Printed in Slovenia

ISBN: 978-3-95843-986-3

Die Fotografin Sandra Then arbeitet in den Bereichen Portrait, Schauspiel und Oper, Reportage und Food. Ihre Bilder sind international in Ausstellungen vertreten

CARSTEN BOTHE
SANDRA THEN (FOTOS)

DIE GANZE WELT DES SPIESSGRILLENS

HEEL

VORWORT

Liebe Leser,

als Griller bin ich ja ein Purist – am liebsten grille ich ganz ohne Rost direkt auf der Glut. Aber manchmal bedarf es doch eines Spießes, um das Grillgut leichter handhaben zu können. Daher greife ich schon seit Jahren auf die Marke Tramontina zurück, die als Marktführer in Brasilien wie keine andere für Kompetenz steht.

In Brasilien ist das Rodizio oder Churrasco, wie es auch genannt wird, seit alters her die bevorzugte Art zu grillen. Demzufolge haben sich dort hunderte, wenn nicht tausende Rezepte etabliert, wenn es darum geht, einen gemütlichen Abend mit Freunden und Grillfleisch zu gestalten.

So findet das brasilianische Grillen hier natürlich einen größeren Raum. Aber nicht nur in Brasilien grillt man mit Spießen; auf der ganzen Welt gibt es Gerichte, die Spieße zum Grillen nutzen. Und da Tramontina auf der ganzen Welt gekauft wird, gibt es in diesem Buch auch für jeden Kontinent ein paar Seiten mit Rezepten. Das zeigt zum einen die Vielfalt der Anwendungsmöglichkeiten, zum anderen möchte man als Griller ja auch mal andere Geschmackswelten ausprobieren: Sei es die knoblauchlastige türkische Küche, die süßsaure Küche Asiens oder fleischlastige Spieße, wie sie in den russischen Weiten gegessen werden.

Abgerundet werden die Rezepte mit einigen Anregungen zu Saucen, Dips und Marinaden sowie Beilagen und natürlich auch Desserts.

Herzlichst, Ihr

Carsten Bothe

GRUSSWORT

Liebe Spießgriller und Tramontina-Freunde,

seit über 100 Jahren steht unser Name für hochwertige Messer und Grillaccessoires. Die Wurzeln unserer Arbeits- und Genusswerkzeuge liegen im brasilianischen Churrasco, der jahrhundertealten Spieß-Grillkultur stolzer Viehhirten, der Gauchos, im Süden Brasiliens.

Das Grillen mit Spießen am Lagerfeuer ist wohl die ursprünglichste Art des Grillens. Wer hat nicht als Kind Stockbrot oder ein Würstchen am Spieß in die Flammen, oder besser, über die Glut, gehalten? Das Grillen am Spieß wird auf allen Kontinenten auf verschiedene Weisen zelebriert und was läge da näher, als mit Deutschlands erfolgreichstem Autor fürs Outdoorkochen ein Buch über die ganze Welt des Spießgrillens zu machen?

Mit dem vorliegenden Buch zeigen wir Ihnen die Vielseitigkeit unserer Grillspieße und erweitern Ihr Repertoire an abwechslungsreichen internationalen Rezepten, egal ob mit Gas- oder Holzkohlegrill oder direkt am Lagerfeuer.

Zudem erhalten Sie wertvolle Tipps zur Einschätzung der richtigen Gartemperatur, dem korrekten Anfeuern eines Lagerfeuers und Step-by-Step-Anleitungen für verschiedene Fleischzuschnitte.

Viel Freude beim Ausprobieren und guten Appetit wünscht

Barny Köpf
(Vertriebsleiter Tramontina)

Die Geschichte des Spießgrillens

Auf jedem Kontinent der Erde grillt man Fleisch oder Fisch an Spießen über dem Feuer bzw. der Glut. Das ist etwas herrlich Archaisches und weckt den Steinzeitmenschen in uns.

Asien

Bei der japanischen Küche denken die meisten Menschen zuerst an Sushi, dabei hat Japan eine lange Kultur des Spießgrillens. Dieses als Yakitori bezeichnete Grillen funktioniert mit den typischen japanischen Kleinigkeiten – immer ein oder zwei Bissen auf einem Spieß. Die Grills sind besonders für diese Spieße ausgelegt, denn sie sind lang und schmal und werden von unten mit Frischluft versorgt, ähnlich wie die zum Eisenschmelzen verwendeten Öfen. Als Holzkohle dient eine besondere, hochwertige und extrem heiß brennende Sorte, die als weiße Holzkohle oder Binchotan bezeichnet wird. Sie ist handgemacht und extrem teuer; dafür braucht man aber auch nur geringe Mengen. Als Alternative werden Holzkohlebriketts aus Bambuskohle eingesetzt, die auch in Europa leicht zu beschaffen sind.

Afrika

In Afrika ist das Spießgrillen nicht ganz so verbreitet, wie man glauben mag. Die Grundlage der Ernährung ist ein stärkehaltiger Brei, der mit einem „Stew" aufgepeppt wird. Nur bei besonderen Anlässen werden Wildbretteile auf Spießen gegrillt, aber auch dann mit dem allgegenwärtigen „Mealie-Pap", dem Maisbrei. In den von Europäern kolonialisierten Gebieten um Namibia und Südafrika gibt es Spießgerichte, die beim traditionellen Braai gegrillt werden.

Südamerika

Südamerika lebt von der Viehzucht und Weidewirtschaft – abgesehen von einigen Landstrichen, die für hervorragende Weine bekannt sind. Die Küche, die sich dort entwickelt hat, fußt auf der bescheidenen Lebensweise der Viehhirten und der kargen Landschaft. Am Ende des Arbeitstages wurde ein Feuer entfacht und an senkrecht gestellten Spießen große Fleischportionen neben dem Feuer gegrillt. Die karge Lebensweise sorgt zudem dafür, dass neben dem Fleisch auch alle Innereien gegrillt und verzehrt werden.

Diese besondere Art des Grillens wird Churrasco oder Rodizio genannt. Dabei werden verschiedene Fleischsorten auf Spieße gesteckt, mit grobem Salz stark gewürzt und dann über der Holzkohleglut gegrillt, bis die äußere Schicht gut gebräunt ist. Dann wird mit der Rückseite des Messers das überschüssige Salz über dem Feuer abgeklopft. Am Tisch des Gastes schneidet dann der Griller die äußeren Fleischseiten ab und gibt sie dem Gast auf den Teller. Teilweise greift der Gast mit einer kleinen Zange das Fleisch, damit es nicht auf den Tisch fällt. Die Spieße beim Rodizio sind also nicht für einen Gast alleine gedacht, sondern der Griller geht mit dem Spieß herum und gibt jedem Gast, der etwas möchte, von diesem Spieß. Danach kommt er – wieder mit reichlich Salz bestreut – zurück auf den Grill, um wieder außen knusprig gebraten zu werden.

Das Rodizio ist typischerweise ein „all-you-can-eat". Der Gast bedient sich selbst am Salatbuffet und wählt die Beilagen; dann kommt der Kellner und serviert das erste Fleisch. Bei jedem neuen Spieß bekommt der Gast eine andere Fleischsorte. Zum Schluss folgt meist noch eine gegrillte Ananas. Jeder Gast besitzt einen Bierdeckel mit einer grünen und roten Seite. Solange die grüne Seite oben liegt, kommt der Kellner mit Spießen vorbei. Liegt die rote Seite oben, dann ist der Gast entweder satt oder braucht eine Pause.

Das Verfahren „einmal zahlen, so lange essen, bis man satt ist" hat sich bewährt und ist eigentlich zum Standard für jedes brasilianische Restaurant geworden.

Beim Grillen in Südamerika denken viele an Asado, aber was ist eigentlich der Unterschied zwischen Churrasco und Asado?

Ganz einfach gesagt: Asado kommt aus Argentinien und dort werden meist große Fleischpartien über der Glut gegart, die aus einem Hartholzfeuer genommen wird. Weiterhin werden ganze Tiere aufrecht neben dem Feuer gegrillt. Und der dritte und wohl offensichtlichste Unterschied ist die Tatsache, dass die Stücke komplett gegart werden. Sobald sie fertig sind, werden sie also komplett aufgeschnitten und gegessen.

Europa

In Europa ist das Grillen mit Spießen weit verbreitet. Schon aus dem Mittelalter sind Abbildungen bekannt, auf denen nicht nur das obligatorische Spanferkel, sondern auch allerlei Braten und Geflügel vor dem Feuer gebraten werden. In Russland und Ungarn hat sich eine Schaschlik-Kultur entwickelt und in einigen Gebieten Deutschlands gibt es Spießbraten, Mutzbraten oder eben Spanferkel. So vielfältig wie die Nationalitäten in Europa sind, so vielfältig ist auch das Grillen, und dabei bildet das Spießgrillen nur ein Aspekt.

Australien

In Australien leben Menschen aus allen Teilen der Welt und bilden den typischen „Aussie", der in der kargen Wüstenlandschaft versucht, als Farmer ein Auskommen zu finden. Kochen und backen am Lagerfeuer steckt jedem Australier im Blut. Neben dem Dutch Oven, der dort Camp Oven heißt, sind ein paar Spieße oder ein Grillrost immer mit dabei. Die Spezialitäten der australischen Küche beschränken sich eher auf die Auswahl exotischer Fleischsorten, als auf die Verwendung vieler Gewürze. Man merkt aber den asiatischen und englischen Einschlag sehr gut.

Tramontina – Tradition made in Brasil

Unsere Wurzeln in der brasilianischen Grillkultur

Unsere Geschichte beginnt im Jahr 1911. Valentin Tramontina, Sohn italienischer Einwanderer, gründet mit seiner Frau in der kleinen Stadt Carlos Barbosa im südlichsten brasilianischen Bundesstaat, Rio Grande do Sul, eine kleine Schmiedewerkstatt. Schon bald macht er sich für hochwertige und langlebige Messer einen Namen. Die Wurzel dieser traditionsreichen und vielfach praxiserprobten Arbeits- und Genusswerkzeuge liegt im brasilianischen Churrasco, der jahrhundertealten Spieß-Grillkultur der Gauchos. Die stolzen Viehhirten mit ihren Pferden prägen bis in unsere moderne Zeit den Süden Brasiliens und sind untrennbar mit der Region verbunden – gleiches gilt übrigens auch für unser Unternehmen.

Aus dem Süden Brasiliens in die weite Welt

Der kleine Familienbetrieb florierte und entwickelte sich im Lauf eines guten Jahrhunderts in eine international tätige Unternehmensgruppe – mit insgesamt 10 Werken in ganz Brasilien, eigenen Stores, Distributions- und Tochterunternehmen rund um den Globus und weit über 8.000 Mitarbeitern. Bis heute liegen unsere Geschicke (bereits in der dritten Generation) in Familienhänden.

Churrasco – und noch viel mehr

Besonders im Fokus stehen bei uns aber nach wie vor unsere Schneidwaren und Grillaccessoires – und die kommen längst nicht nur beim Churrasco erfolgreich zum Einsatz! In Haushalten genauso wie in der Gastronomie, bei Profi- und Hobbyköchen, bei BBQ-Liebhabern und Pizzafreunden auf der ganzen Welt liegen Tramontina-Messer und Grillaccessoires hoch im Kurs. Warum das so ist, fragen Sie? Ganz einfach. Tramontina bietet für jeden Einsatzbereich genau das richtige „Werkzeug“: vom einfachen Vesper- bis zum hochwertigen Fleischermesser, vom rustikalen, traditionellen Holzgriff bis zur Vollmetallvariante im edlen Design, von der praxiserprobten Grillzange bis zum höchst funktionalen Doppelspieß (Grillspieß „Duo“), der Ihr Grillgut stets bei der Stange hält. Dabei kommen seit jeher nur hochwertige Rohstoffe zum Einsatz, die wir sorgfältig verarbeiten – für eine optimale Funktionalität und ausgeprägte Langlebigkeit.

Nicht nur der Umwelt zuliebe

Die Hölzer für unsere Messergriffe sind natürlich FSC-zertifiziert. Nicht nur hierbei geht es uns um die Themen Ressourcenschonung, Klimaschutz, Naturerhalt und Nachhaltigkeit: Diese sind fest in unserer Unternehmenskultur verankert. So bemühen wir uns ständig um neue, saubere und umweltfreundliche Produktionstechnologien sowie die Reduktion von Abfällen und Emissionen. Wir erzeugen Strom aus nachhaltiger Biomasse und betreiben Systeme zum Brauchwasser-Recycling. Teil unserer vielfältigen Nachhaltigkeitsinitiativen sind auch unser Umweltkomitee, Umwelterziehungsprogramme und firmeneigene Naturschutzzonen, beispielsweise zum Erhalt unserer Urwälder. Brasilien verfügt über eine weltweit einzigartige Flora und Fauna – diese müssen wir für kommende Generationen bewahren. Doch nicht nur die Natur, auch der Mensch liegt uns am Herzen. Das beginnt bei guten Arbeitsbedingungen und gerechten Vergütungen für die vielen Menschen, die sich in unserem Unternehmen tagtäglich für unseren Erfolg einsetzen – und auch unseren Kunden und Zulieferern begegnen wir fair und partnerschaftlich. Nicht zuletzt engagieren wir uns aber auch vielfältig in unserem sozialen Umfeld – durch die monetäre und nicht-monetäre Unterstützung von sozialen Projekten, Schulen, Kindertagesstätten oder auch Infrastrukturmaßnahmen.

Ein gutes Gefühl

So geben wir Ihnen das gute Gefühl, nicht nur ein hervorragendes Produkt in Händen zu halten, sondern auch zugleich einen kleinen, indirekten Beitrag dazu zu leisten, dass unser Planet ein lebenswerter bleibt. Denn dafür steht der Name Tramontina: „Tradition made in Brasil“ Spitzenprodukte mit dem Nachhaltigkeitsplus.

I. WAS MAN ZUM GRILLEN MIT SPIESSEN BRAUCHT

Für das Grillen mit Spießen braucht man nicht viel: natürlich Spieße, etwas zum Aufspießen und eine Hitzequelle. Das ist es auch schon. Dies können sich auch Menschen in armen Regionen dieser Welt leisten und man braucht nur wenig Gepäck und Gewicht zu tragen – was zum Beispiel bei der Lebensweise von Hirten oder Viehzüchtern relevant ist. Letztgenannte nutzen nicht selten Sträucher und Bäume, um schnell mit dem Messer ein paar Spieße zu schnitzen und das Fleisch neben dem Feuer oder über der Glut zu garen. Grillen verbindet Kulturen und Menschen sehr schnell und vereint so manches Mal auch Gegensätze: so beheimatet beispielsweise Brasilien auf der einen Seite bitterarme Menschen, die am Rande der großen Städte leben, andererseits aber auch Rinderbarone, die teilweise Herr über unvorstellbar große Landstriche sind. Aber: Sie alle vereint die Liebe zum Churrasco und sie haben alle eine Möglichkeit zum Grillen – und wenn es nur ein Grill aus einfachen Backsteinen mit ein paar improvisierten Spießen ist. Je wohlhabender, desto ausgefeilter ist natürlich auch die Ausrüstung zum Grillen.

Spieße

Spieße für Churrasco gibt es in verschiedenen Ausführungen – von einfachen Blechstreifen bis zu dreizinkigen Modellen. Die Blechstreifen gibt es auch von Tramontina; sie sind eher als Portionsspieße gedacht, die in der Küche vorbereitet und dann auf einen Grillrost gelegt werden. Für etwas größere Fleischstücke, oder wenn die Gefahr besteht, dass sich das Grillgut drehen könnte, werden auch kurze Spieße mit V-Querschnitt angeboten.

Spießaufsätze für Kohle- und Gasgrills

Auch wenn Sie die Spieße ganz einfach neben dem Feuer in die Erde stecken können, ist es doch hilfreich, diese sicher über der Glut ablegen zu können. Die einfachste Möglichkeit, den Spieß abzulegen, sind zwei Backsteine, die beim Gas- oder Kugelgrill einfach auf den Grillrost gelegt werden. Dann gibt es bestimmte Grills, deren Kante schon als Ablage vorgesehen ist. Ich denke da beispielsweise an die japanischen Hibachis oder die russischen Mangals. Auch bei argentinischen oder brasilianischen Grills ist eine Ablage für die Spieße vorgesehen.

Wer es entspannter haben möchte und häufig am Spieß grillt, der kann auf vorgefertigte Spießaufsätze zurückgreifen. Der Vorteil bei diesen Aufsätzen ist, dass Sie die Spieße in verschiedenen Winkeln verankern können und so das Fleisch gleichmäßig und rundum gart. Aufgrund der Vielzahl der angebotenen Grills kann es sein, dass Sie um kleinere Basteleien nicht umhinkommen. In der Mehrzahl der Fälle sollten die Aufsätze aber passen und Tramontina bietet einen runden Grillaufsatz mit 56 cm Durchmesser für Kugelgrills und einen rechteckigen Aufsatz mit 536 x 465 mm für eckige Gas- und Holzkohlegrills an.

Grillspieß „Amigos“, mit Holzgriff (Breite 10 mm)

Da in der letzten Zeit vermehrt kleine, transportable Grills für den kleinen Freundeskreis auf dem Markt erschienen sind, war es nur folgerichtig, dass dafür auch die passenden Spieße entwickelt wurden. Diese sind als Portionsspieße gedacht und verfügen über einen Holzgriff, damit man beim mobilen Einsatz des Grills auf Handschuhe verzichten kann. Es gibt sie in den Längen 50 und 60 Zentimeter.

Klassischer Spieß (Breite 8 mm)

Diese breiten Schaschlikspieße sind ebenfalls als Portionsspieße gedacht. Aber da es sie in den Längen 30 und 40 Zentimeter gibt, sind sie lang genug, um sie auch ohne Rost auf zwei Auflagen direkt über die Glut zu legen. Dazu dürfen Sie aber nur den mittleren Teil des Spießes bestücken, damit rechts und links genug Auflagefläche frei bleibt. Die im Querschnitt sichtbare V-Form hat den Effekt, dass sich das Grillgut mitdrehen kann.

Schaschlikspieß (Breite 5 mm)

Diese Spieße bestehen komplett aus Metall und sind als Portionsspieße gedacht. Da sie keinen entflammbaren Griff haben, können diese auch direkt auf ein Grillrost in einem Kugel- oder Gasgrill gelegt werden. Sie sind zu kurz, um sie auf zwei Auflagen direkt über die Glut zu legen – dafür sind sie aber auch nicht gedacht.

Grillspieß „Largo" (Breite 17 mm)

Die langen, im Querschnitt V-förmig gestanzten Spieße besitzen einen Handgriff an dem einen und eine scharf geschliffene Spitze am anderen Ende. Durch den besonderen Querschnitt dreht sich das Fleisch mit, wenn der Spieß gedreht wird und rutscht nicht durch. Weiterhin wird der Spieß dadurch deutlich steifer und biegt sich nicht durch. Diese Spieße sind, verglichen mit europäischen Portionsspießen, extrem lang und werden üblicherweise auch nicht auf ein Grillrost gelegt. Die Spieße in den Längen 65, 75 und 85 Zentimeter werden im Herkunftsland Brasilien auf den Rand der Feuergrube, in eine Spießhalterung oder in eine Antriebsvorrichtung gesteckt. Ein Rodizio-Grill dreht die vielen Spieße und sorgt damit für ein gleichmäßiges Grillergebnis. Die einfache Ausführung des Grills, bei dem der Spieß nur auf den Rand gelegt wird, ermöglicht es lediglich, die beiden Seiten – Vorder- und Rückseite – zu grillen. Beim Rodizio-Grill hingegen bekommt alles durch die Drehbewegung Hitze ab. Weiterhin laufen der austretende Fleischsaft und das Fett am Grillgut entlang und es bleibt saftig. Lange, breite Spieße sind für große Fleischstücke wie „Picanha", „Entrecôte", Rumpsteak, Schweinenacken usw. sowie Ananas geeignet. Einerseits, weil sie das Gewicht halten können, andererseits weil diese großen Fleischstücke nicht durch das Metall zerschnitten werden, sodass das Fleisch nicht mehr richtig hält.

Grillspieß „Fino" (Breite 10 mm)

Neben den breiten Spießen gibt es die langen Spieße mit 55, 65 und 75 Zentimeter auch in einer schmalen Version. Durch den V-förmigen Querschnitt sind diese ebenfalls steif und vertragen Gewicht, haben aber eher den Vorteil, kleine Fleischstücke wie Geflügelteile nicht zu zerschneiden. Auch Kartoffeln oder Zwiebeln sind auf diesen Spießen gut aufgehoben. Bei Steckerlfisch ist diese Form ideal, um flach neben den Rippen geführt zu werden.

Grillspieß „Duo" (Breite 60 mm)

Es gibt Lebensmittel, wie beispielsweise Würste, die schwierig auf einem breiten Blechspieß zu befestigen sind. Dabei wird zu viel Haut zerschnitten, die Wurst bricht durch und fällt vom Spieß. Hähnchenflügel sind meist ebenso schwierig aufzuspießen, weil die Knochen stören. Hier gibt es zweizinkige Spieße aus Rundmaterial in den Längen 65, 75 und 85 Zentimeter, die durch zwei parallele Zinken ebenfalls dafür sorgen, dass die Speise mitdreht.

Auch große, schwere Braten sind auf den zweizinkigen Spießen gut aufgehoben. Sollten Sie noch mehr Stabilität benötigen, dann spießen Sie einen zweiten Spieß von der anderen Seite um 90° gedreht hindurch. So befindet sich an jeder Seite des Bratens ein Griff und Sie haben die Gewalt auch über schwere und unhandliche Fleischstücke.

Messer

Für brasilianisches Churrasco werden lange, dünne und extrem scharfe Messer benötigt. Damit schneidet der Churrascero die Fleischportionen für jeden Gast direkt vom großen Spieß herunter. Damit das Fleisch sich auf dem Spieß nicht zu stark bewegt oder zerrissen wird, werden mit dem Messer lange Schnitte ins Fleisch gezogen. In vielen Gebieten Südamerikas ist es teilweise auch üblich, wenn nicht sogar ungeschriebenes Gesetz, dass man sein eigenes Besteck mitbringt, wenn man eingeladen ist. Die Gauchos haben ohnehin immer ein Messer dabei, das in einer Scheide schräg hinten im Gürtel steckt. Für viele Gelegenheiten reicht ein Messer aber auch völlig aus; die Finger ersetzen die Gabel und die Sauce wird mit einem Brötchen aufgestippt.

Für die Rezepte aus aller Welt brauchen Sie aber nicht nur ein Steakmesser zum Essen: Eine Anzahl verschiedener, spezieller Messer ist für die Vorbereitung notwendig, denn diese vereinfachen das Ganze ungemein.

Echte Profis betrachten ein Messer als ein „Verbrauchsmaterial", das sich durch den häufigen Gebrauch und das Nachschleifen aufbraucht. Dafür sind die günstigeren Küchenmesser von Tramontina gedacht: Der Griff ist weniger aufwendig gefertigt, denn er wird ja mit dem abgewetzten Messer weggeworfen. Bei der deutlich arbeitsintensiver gefertigten Premium-Linie sind die Messer neben ihrer Funktionalität auch noch schön anzusehen – denn Arbeit mit gutem Werkzeug darf auch Spaß machen. Diese Messer, zum Beispiel Tranchiermesser, werden nur zu besonderen Anlässen und vor den Gästen verwendet, sodass sie nicht so strapaziert werden wie die Küchenmesser. Hier lohnen sich ein hochwertiger Griff und eine attraktive Lederscheide. In der Leistungsfähigkeit der Schneide nehmen sich die beiden Linien nichts; Funktion und Leistung stehen an erster Stelle.

Messer wetzen

Die Messer der Gauchos bestehen auch heute noch häufig aus nicht rostfreiem Kohlenstoffstahl, der sich leichter nachschärfen lässt und eine feinere Schneide als rostfreier Stahl ermöglicht. Bei vielen Messern wird ein Wetzstahl gleich mitgeliefert. Mit diesem Stahl ist es aber nur möglich, das Stumpfwerden hinauszuzögern. Ist die Schneide richtig stumpf, dann ist ein Schleifstein nötig. Das richtige Wetzen mit dem Wetzstahl ist einfach und schnell zu lernen. Zunächst sollten Sie als Laie immer vom Körper weg wetzen. Das ist auf jeden Fall sicherer und bringt dieselben Erfolge.

Außerdem sollten Sie wissen, was bei dem Vorgang passiert: Die mikroskopisch dünne Schneide legt sich um – sie biegt sich quasi zur Seite und würde, wenn man sie nicht wieder aufrichtet, abbrechen. Diese abgebrochene Schneide ist mit dem Wetzstahl nicht mehr zu reparieren, da Material abgetragen werden muss. Denken Sie beim Wetzen daran: Die Geschwindigkeit stellt sich mit der Übung ein, aber da Sie nur drei bis vier Mal von jeder Seite streichen, kommt es eher auf die Präzision an.

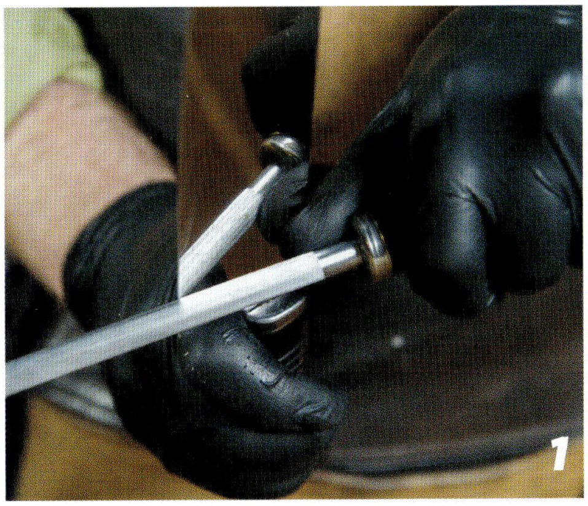

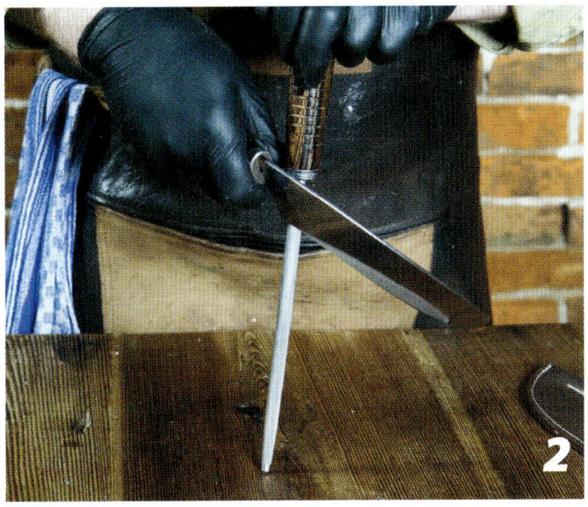

1 Für den richtigen Winkel (15–20°) legen Sie einfach den Daumen zwischen Klinge und Wetzstahl, bei Kochmessern passt das ganz gut

2 Stellen Sie den Wetzstahl auf den Tisch und setzen Sie das Messer dicht am Griff an

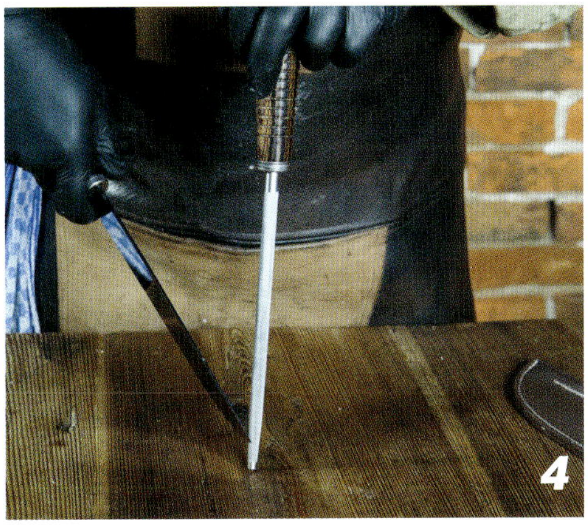

3 Ziehen Sie die Klingen nach unten zur Spitze, die Mitte der Klinge sollte bei der Mitte des Wetzstahls liegen

4 Mit dem Ende des Wetzstahls sollte auch das Messer zu Ende sein. Führen Sie die Schritte auf der anderen Messerseite genauso aus.

5 Beim Wetzen in der freien Hand setzen Sie das Messer ebenfalls am Griffende an

6 Ziehen Sie die Klinge mit wenig Druck von sich weg

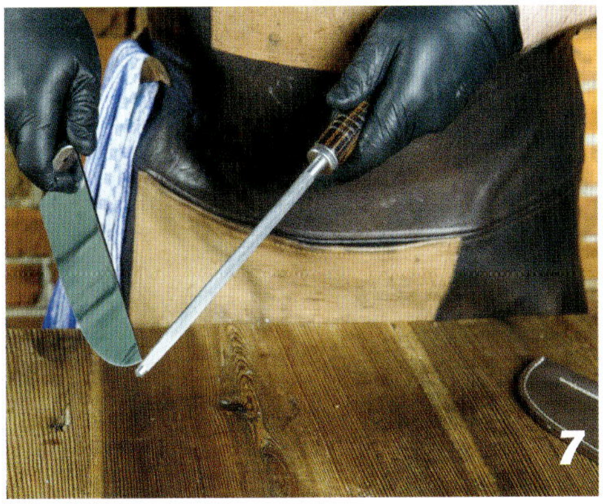

7 Sobald die Spitze vom Stahl erreicht ist, sollte auch das Messer an der Spitze angelangt sein. Führen Sie die Schritte auf der anderen Messerseite genauso aus.

Fleischmesser

Ein Fleischmesser besitzt eine lange, relativ schmale Schneide, mit der Sie große Fleischstücke mit langen, ziehenden Schnitten sauber zerschneiden können. So sind Sie beispielsweise in der Lage, auch einen größeren Tafelspitz sauber in Scheiben zu schneiden. Durch die schmale Schneide klebt die Seite des Messers nicht so sehr am Fleisch und der Schnitt wird sauberer.

Ausbeinmesser

In der Küche benötigen Sie für die Vorbereitung des Fleisches – besonders bei Stücken mit Knochen wie bei einer Lammkeule – ein flexibles, dünnes Messer mit mittlerer Klingenlänge. Dieses Messer ist ideal dafür geeignet, am Knochen entlang zu schneiden und diesen aus dem Fleisch zu lösen. Sie schneiden fast nur mit der Spitze. Profis nehmen es so in die Hand, dass die Klinge an der Seite des kleinen Fingers nach unten aus der Hand steht und die Schneide zum Körper zeigt. In dieser Haltung können Sie ganz entspannt und ohne das Handgelenk zu überstrecken die Schnitte präzise setzen und sauber arbeiten.

Tranchiermesser

Tranchiermesser besitzen eine lange und breite Klinge, damit Sie auf der Klingenseite Ihren Gästen das abgeschnittene Fleisch präsentieren und anreichen können. Da Tranchiermesser nur zum letzten Schnitt an einem Stück Fleisch verwendet werden, sind der Griff und die gesamte Aufmachung der Messer deutlich hochwertiger als die der „Gebrauchsmesser“. Tranchiermesser werden oft im Set mit einer passenden Gabel und teilweise auch anderen Grillgeräten wie Zangen und Wendern angeboten.

Century
TRAMONTINA
Century
TRAMONTINA
TRAMONTINA
INOX STAINLESS
TRAMONTINA
MADE IN BRAZIL

Kochmesser

Ein breites, schweres Kochmesser ist für die Zubereitung von Beilagen und Salaten gedacht, aber anstatt ein Messer extra dafür vorzuhalten, ist auch ein Tranchiermesser problemlos zu verwenden. Sie fassen dieses Messer kurz, sodass der Zeigefinger vor dem Griff auf dem Klingenrücken liegt. Wichtig ist, dass der rückwärtige Teil der Schneide, also der Teil, der zum Griff zeigt, so geschliffen ist, dass die ganze Schneide auf dem Schneidebrett aufliegen kann. Beim häufigen Nachschleifen wird dieser Teil meist nicht richtig beachtet und es steht störendes Material über, sodass die Schneide nicht mehr komplett auf dem Brett aufliegen kann.

Brotmesser

Zu jedem Grillen gehört eigentlich Brot als Beilage dazu. Wenn es nicht mit den Händen gebrochen wird, dann ist ein Brotmesser die erste Wahl, um saubere Scheiben oder Stücke abzuschneiden. Die besondere Form der Schneide – der Wellenschliff – hilft die harte Kruste über der weichen Krume zu zerschneiden und gleichmäßige Scheiben zu erhalten. Ein schönes Brotmesser mit einem Brett als Schneidunterlage macht auf jedem Buffet einen guten Eindruck und die Gäste schneiden sich selbst nur so viel Brot ab wie sie auch essen. Was übrig bleibt, ist am Stück besser aufzubewahren als ein Korb voller ausgetrockneter Scheiben.

Gemüsemesser

Für das Zubereiten von Beilagen, wie beispielsweise Salat, Obst oder eben Gemüse, sind kleine Gemüse- und Schälmesser gedacht. Diese Messer sind sehr leicht und können auch von Ungeübten gut gehandhabt werden.

Century
TRAMONTINA
TRAMONTINA
Century
TRAMONTINA

Messer und Gabel mit langem Griff

Für das Probieren von großen Stücken und ganzen Tieren, die neben dem Feuer im Asado-Style gegrillt werden, gibt es von Tramontina ganz besondere Messer und Gabeln. Diese haben einen extra langen Griff, sodass der Asador weit genug vom Feuer entfernt ist und sich nicht die Hände verbrennt. Das Messer besitzt eine ganz normale Klinge mit 7 Zoll Länge, was ungefähr 17 Zentimeter entspricht. Der Griff ist mit rund 28 Zentimeter extrem lang, aber für diesen Einsatzzweck optimal. Die passende Gabel ist in der Gesamtlänge identisch, nur die Zinken sind etwas kürzer, aber dafür ist der Griff länger.

Spickmesser

Früher wurden Braten aus rotem Fleisch oder Wild gerne mit fettem Speck gespickt, davon ist man heute aber weitestgehend abgekommen. Zum Spicken wurden mit dem langen, schmalen Spickmesser tiefe Einstiche in das Fleisch gemacht und mit den gekühlten Speckstücken gespickt. Heute findet das Messer seine Verwendung als Ausbeinmesser oder um Lammfleisch mit Knoblauchstücken zu spicken.

Steakbesteck

Ein gutes, hochwertiges Steak sollte auch mit einem passenden Messer geschnitten werden. Selbst zartes Fleisch sieht, mit einem stumpfen Messer geschnitten, nicht mehr besonders appetitlich aus. Daher sollten Sie sich mit Steakbestecken ausstatten, die von Tramontina in verschiedenen Qualitätsstufen angeboten werden, sodass für jeden Geldbeutel etwas Passendes zu finden sein sollte. Diese einfachen und rustikalen Messer besitzen einen Griff aus stabilisiertem Holz, sodass sie sogar spülmaschinengeeignet sind. An der Spitze verfügen sie über einen Wellenschliff, der für das Schneiden von Fleisch optimiert ist. So ist die Schnittkante am Fleisch besonders glatt und der Saft tritt nicht so stark aus. Sollte der Wellenschliff stumpf werden, dann schleifen Sie die Seite ohne Vertiefungen nur ganz leicht in Richtung der Schneidkante (nach unten) an und schon schneidet es wieder wie vorher. Die Seite mit den Vertiefungen bleibt unangetastet.

Passend zu jedem Messer gibt es eine Gabel, die etwas größer ausfällt als eine übliche Besteckgabel. Die hochwertigen Messer aus der Premium-Serie machen auch auf einer weiß eingedeckten Festtafel eine gute Figur.

TRAMONTINA
INOX STAINLESS
TRAMONTINA
INOX STAINLESS
TRAMONTINA

Pfannenwender

Die Besonderheit dieses Pfannenwenders sind die unterschiedlich gestalteten Seiten: Die eine Seite besitzt einen messerscharfen Wellenschliff, sodass man die Fleischstücke auf dem Grillrost anschneiden kann. Die andere Seite verfügt über Zinken, um den Grillrost zu reinigen. Als besonderes „Gimmick" weist der Pfannenwender einen Flaschenöffner auf.

Bretter

Zum Schneiden sind Bretter unverzichtbar; ob nun aus Holz oder Kunststoff, muss jeder für sich entscheiden. Bei Brettern aus Holz wird immer wieder ins Feld geführt, dass diese unhygienisch seien, obwohl bei der richtigen Sortenwahl die Gerbsäure und andere Inhaltsstoffe des Holzes die Bakterien zuverlässig abtöten und dafür sorgen, dass die Bretter nach dem Abwaschen und Trocknen im Sonnenlicht relativ keimfrei sind. Die Bretter von Tramontina bestehen aus Teakholz, das besonders resistent und gleichzeitig klingenschonend ist. Bei Kunststoffbrettern kann der Abrieb als Mikroplastik in die Speise geraten, was nicht besonders gesund sein kann. In der Gastronomie sind nur noch Bretter aus Kunststoff zugelassen – trotz der Mikroplastikproblematik.

Bei der Auswahl der Bretter ist es hilfreich, wenn Sie die Größe Ihrer Spüle berücksichtigen. Davon abgesehen braucht ein Brett für den normalen Hausgebrauch nicht viel größer als ein Din-A4-Blatt zu sein.

Zangen

Beim Grillen mit Spießen mag man auf Zangen noch am ehesten verzichten können, denn Ihr Grillgut haben Sie ja mit dem Spieß „im Griff". Eine gute Kohlenzange sollte trotzdem zur Verfügung stehen, damit Sie die Kohlen sauber arrangieren und so die Hitze sicher steuern können. Grillzangen aus dünnem Draht mit Holzgriffen sind nicht zweckmäßig, denn meist können Sie damit nicht einmal ein Nürnberger Würstchen mit 60 Gramm richtig festhalten.

Eine massive Zange komplett aus Metall, die hinten mit einem Scharnier zusammengehalten wird, ist hervorragend geeignet, um sowohl das Grillgut zu packen als auch brennende Holzscheite von einem Kilogramm Gewicht und mehr zu positionieren. Daher sind leicht schmelzende Zangen mit kunststoffbeschichteten Enden nicht zielführend.

Tramontina hat einige Zangen im Programm, mit denen Sie das Fleisch sicher fassen, wenden oder Fleischscheiben auf die Teller der Gäste legen können. Eine Zange für das Fleisch, eine für das Bedienen des Feuers/der Glut und eine für den Salat sind nicht zu wenig. Dank der unterschiedlichen Holzfarbe können Sie die Zangen auch gut unterscheiden und benutzen so nicht die Zange für das Holz versehentlich für das Fleisch.

Thermometer

Ein Thermometer, um die Kerntemperatur des Fleisches zu messen, ist gerade für den Anfänger eine große Hilfe. Je dünner die Spitze am Thermometer ist, desto genauer und schneller können Sie messen. Thermometer sollten mit handelsüblichen Batterien auskommen und einen niedrigen Stromverbrauch haben. Bei uns hat sich seit Jahren das TFA Thermojack bewährt, das nicht nur schnell misst, sondern auch mit leicht zu beschaffenden Batterien arbeitet. Dank seiner einklappbaren Nadel und der robusten Konstruktion kann man es jahrelang in der Hosentasche tragen. Erfahrene Griller kommen zwar ohne Thermometer aus, aber mit dem Thermometer vermeiden Sie kostenintensive Fehler. Die Erfahrung bekommen Sie dann mit der Zeit.

TRAMONTINA
CHURRASCO
TRAMONTINA
TRAMONTINA

Das richtige Holz

Ob Sie mit Holz oder Holzkohle grillen, bleibt Ihnen überlassen. Man kann zwar eine Religion draus machen, aber letztendlich entscheidet das Ergebnis über „falsch" und „richtig". Beim Holz müssen Sie die richtige Sorte wählen; eigentlich geht nur Hartholz, das eine langanhaltende Glut erzeugt. Das ist in Deutschland vorzugsweise Buche. Eiche ist wegen der vorhandenen Gerbsäure nicht gut geeignet. Wenn man unbedingt Eiche verwenden möchte, dann muss sie schon gut ausgebrannt sein und das Feuer sollte ausreichend weit vom Grillgut entfernt sein, damit der Rauch nicht an das Fleisch kommt. Bei uns in der Kochschule kaufen wir das Holz von einem regionalen Sägewerk, das die Scheite gespalten und kammergetrocknet anliefert. Bei der Buche sind als Beimischungen Ahorn und Esche dabei, was jedoch beim Grillen über der Hartholzglut kein Problem darstellt. Beim Einsatz im Smoker versuche ich allerdings nur Buche auszusuchen. Die „Ofenhölzer" mit 25 Zentimeter Länge sind handlicher und dem „Kaminholz" mit 33 Zentimeter Länge vorzuziehen.

Für den Puristen reicht eine ebene Fläche aus, um ein Feuer zu entfachen, die Glut mit einer Schaufel herauszufischen und für das Grillen zu verwenden. Beim Einsatz eines „Coal-makers" sind die Produktion der Glut und das Verteilen deutlich leichter. Sie verwenden nur armdicke Scheite, die relativ zügig verbrennen und eine ausreichende Glut produzieren. Legen Sie lieber ab und zu nach, als den Korb mit nur zwei dicken Brocken zu verstopfen, die nicht richtig brennen und daher auch nur wenig Glut produzieren.

Birkenholz stellt eine Ausnahme dar, denn es brennt gerade im frischen, feuchten Zustand sehr gut, da es brennbare Säfte enthält. Das Holz erzeugt keine brauchbare Glut, verströmt aber einen besonderen, angenehmen Duft, der zum Beispiel für den neben dem Feuer gegrillten Thüringer Mutzbraten benötigt wird.

Holz von Weichholzarten wie Pappel oder Weide sind nicht geeignet, da sie kein langanhaltendes Glutbett erzeugen. Ebenso wenig zielführend sind Nadelholzarten wie Fichte oder Kiefer, die ebenfalls kaum Glut bilden und noch dazu durch die platzenden, inneren Harzgallen die Glut wegschleudern. Das erzeugt zwar das romantisch-knisternde Geräusch im Kaminfeuer, ist aber für das Grillen unbrauchbar (von der Beeinträchtigung durch den Harzgeschmack ganz zu schweigen).

Seit einiger Zeit gibt es das als NAMwood vertriebene Holz aus Namibia, das jeder interessierte Griller einmal ausprobieren sollte. Es ist zugegebenermaßen nicht billig, aber schwer wie Blei und hat einen rund 30 % höheren Heizwert. In Namibia verbuschen große Landstriche durch eine invasive Pflanze, den Sekelbos. Dieser ist vom Wuchs her vergleichbar mit unserem Schwarzdorn (Schlehe). Die Energie liegt je nach Restfeuchte bei rund 5,6 kWh pro Kilogramm und ist damit etwa 30 % höher als bei heimischem Hartholz, das bei rund 4,0–4,3 kWh pro Kilogramm liegt.

II. DAS FEUER BÄNDIGEN

Kochen am Feuer heißt, das Feuer zu beherrschen. Wie schon Schiller in seinem Werk „Die Glocke" beschreibt: *Wohltätig ist des Feuers Macht, wenn sie der Mensch bezähmt, bewacht.* Genauso müssen Sie das Feuer im Griff haben und die heißen sowie die kälteren Stellen zu Ihrem Vorteil nutzen.

Die richtige Gartemperatur ermitteln

„Handtest"	
Sekunden	Strahlungshitze
≤1	zu hoch
2–3	hohe Hitze
5	mittlere Hitze
7	geringe Hitze

Da die Spieße beim Grillen im Regelfall direkt über der Hitzequelle liegen, ist die Art der Hitzequelle nicht so entscheidend. Ob die Hitze durch Gas, Holzkohle oder Glut aus dem Lagerfeuer erzeugt wird, spielt eine untergeordnete Rolle. Sie müssen das Feuer bzw. die Hitzequelle bändigen. Das ist der Schlüssel zum Erfolg.

Je nach Art der Wärmeübertragung ist die Temperaturermittlung unterschiedlich: Für die direkte Übertragung, beispielsweise in einer Pfanne, bei der sich die Wärme des Feuers direkt im Metall ausbreitet, können Sie berührungslos mit einem Laser-Thermometer die Oberfläche der Pfanne messen. Meist reicht es aber, das Fleisch einzulegen und darauf zu hören, ob es zischt und das Fleisch brät oder, ob es nur leise köchelt, was auf zu geringe Temperatur hindeutet.

Strahlungshitze wird durch Infrarotstrahlung übertragen. Die glühende Kohle sendet Infrarotlicht aus, das auf einen Gegenstand trifft und diesen erhitzt. Beim Grillen über und noch viel mehr neben der Glut tritt diese Art der Wärmeübertragung auf. Infrarotstrahlung ist ein Indikator, der gut vom Menschen mit dem sogenannten Handtest gemessen werden kann. Dafür halten Sie einfach Ihre Hand auf Höhe des Grillgutes – das funktioniert auch beim Grillen neben dem Feuer – und zählen die Sekunden, bis Sie Ihre Hand wegen der Hitze wegziehen müssen. Hält man dies keine Sekunde aus, dann ist die Temperatur viel zu hoch. Bei 2–3 Sekunden sprechen wir von hoher Hitze. Wenn Sie es 5 Sekunden aushalten, dann ist diese mittlere Hitze ideal für große Fleischstücke. Wenn Sie bis 7 zählen können, ist die Hitze gering und Sie können dort Fleischstücke nachziehen lassen, warmhalten oder empfindliches Grillgut wie Gemüse oder Meeresfrüchte grillen.

Die dritte Art der Wärmeübertragung ist die Konvektion, wobei sich ein Medium, in unserem Fall Luft (es kann aber auch Wasser sein), an einer Wärmequelle erhitzt und dann durch Eigenbewegung zum Grillgut bewegt. Bei eigentlich jedem Kugel- und geschlossenen Gasgrill ist dafür in der Haube ein Thermometer verbaut. Die geringe Hitze liegt zwischen 100 und 120 °C, die mittlere bei 160–180 °C und die hohe bei 220–240 °C. Bei Hitzewerten darüber – manche Grills schaffen über 350 °C – spricht man von sehr hoher Hitze, die zum Gratinieren oder zum Backen von Pizza ideal ist.

Direkte Hitzeübertragung auf eine Pfanne

Infrarotstrahlung in einem Gasgrill

Das Lagerfeuer

Ein Feuer benötigt drei Dinge, um vernünftig (d. h. heiß und raucharm) zu brennen: zum einen natürlich Holz. Die richtige Wahl des Brennstoffs ist wichtig und sorgt für ein sauberes, rauchfreies Feuer, das die entsprechende Glut produziert.

Als zweites wird Sauerstoff benötigt, denn ohne diesen brennt kein Feuer. Der Sauerstoff muss aber auch zu dem Feuer gelangen können. Das heißt, Sie müssen die Scheite so aufstapeln, dass der Sauerstoff immer ungehindert zum Zentrum der Verbrennung gelangen kann. Die meisten Anfänger ersticken das Feuer, indem Sie zu viele Scheite auflegen und diese dicht an dicht legen, sodass der Sauerstoff nicht ins Zentrum des Feuers gelangen kann. Achten Sie aber nicht nur darauf, dass der Sauerstoff Zutritt zur Verbrennung hat, sondern auch darauf, dass die heiße Luft und die Verbrennungsgase wegströmen können. Sobald das Feuer richtig brennt, steigen die heißen Rauchgase automatisch nach oben und ziehen von unten frische, sauerstoffreiche Luft nach. Wenn Sie das Feuer oben mit zu viel Holz zudecken, dann drückt das die sauerstofffreien Abgase nach unten und die drücken die sauerstoffreiche Frischluft nach außen und damit weg vom Feuer: Das Feuer erstickt.

Als drittes braucht man Hitze, um die Scheite so zu erhitzen, dass das Wasser verdampft und die brennbaren, flüchtigen Stoffe aus dem Holz ausgetrieben werden. Sobald zwei oder drei Scheite mit wenig Abstand nebeneinander liegen, erhitzen sich diese gegenseitig und das Feuer brennt von selbst und fast rauchfrei. Ab diesem Moment wird mehr Energie frei, als zum Verdampfen des Holzgases benötigt wird. Sobald die obere Fläche des Holzes von flüchtigen Bestandteilen befreit ist, schrumpft das „Holz" zusammen und die Oberfläche reißt auf. Es hat an Masse verloren und besteht nur noch aus verkohlter Zellulose, die dann langsam verglimmt. Das Holz der unteren Schichten kommt zum Vorschein und dort tritt dann das Holzgas aus. Irgendwann ist dieser Vorgang so weit nach innen fortgeschritten, dass die „Kohlestückchen" abfallen. Das ist die Glut, die wir haben wollen. Sie besteht fast ausschließlich aus Kohlenstoff und glimmt lange und heiß. Die Stücke sind etwa kirschgroß und genau das Richtige für unter den Grillrost oder die Spieße.

Die Glut aus dem Feuer besteht nur noch aus relativ kleinen Stücken und auch am Scheit ist sie zum Teil schon verglimmt, bevor sie abfällt und unter den Rost geschoben wird. Aus diesem Grund hält die Glut auch nur 15–20 Minuten und muss dann erneuert werden. Diese Nachteile – hoher Holzverbrauch, lange Vorbereitung von ein bis zwei Stunden, kurze Lebensdauer der Glut und ständiges Nachlegen beim Feuer und dem Glutbett – machen Holz als Brennstoff für gelegentliche Anwender unattraktiv. Für den Puristen sind diese Nachteile ein Vorteil und ein Grund für den Spaß an der Sache. Gerade wenn der Griller das Holz im Wald selbst schlägt, ist es eine Frage der Ehre, dieses auch zum Grillen zu verwenden.

Tipp: Das Grillfeuer ist heilig. Sorgen Sie dafür, dass keine Außenstehenden unkontrolliert Holz nachlegen, oder Zigarettenkippen, Kronkorken o. Ä. ins Feuer werfen. Bei einer extra gestalteten Feuerstelle oder einem eingemauerten Grill ist das leichter durchzusetzen, als bei einer kombinierten Feuerstelle, die Sie nach dem Essen noch nutzen, um darum zu sitzen und ein Romantikfeuer anzuzünden.

Das Lagerfeuer richtig entzünden

Zum Entzünden brauchen Sie einen Anzünder und verschiedene Holzstärken: zunächst bleistiftstarke Stücke, das sogenannte Anfeuerholz, dann daumendickes Holz und armdicke Scheite. Legen Sie zwei Scheite parallel zueinander und platzieren Sie dazwischen den Anzünder, zum Beispiel einen Grillanzünder aus Holzwolle. Anschließend schichten Sie dann eine Lage bleistiftdickes Holz darüber und bringen eine zweite Schicht quer dazu auf. Darüber werden dann daumendicke Hölzer positioniert und eine zweite Lage, ebenfalls im 90°-Winkel gedreht, aufgebracht. Achten Sie darauf, dass zwischen den Hölzern immer ein Abstand von einigen Millimetern bleibt, damit die heißen Rauchgase nach oben abziehen können. Zünden Sie nun den Grillanzünder an.

Nach einigen Minuten sollten alle inneren Hölzer brennen und auch schon einige durchgebrannt sein. Jetzt ist es Zeit, die armdicken Hölzer aufzulegen. Schieben Sie die unverbrannten Enden in die Mitte, sodass zwischen den beiden „Lagerhölzern" ein kleines Feuer über einem Glutbett brennt. Da die beiden „Lagerhölzer" noch lange nicht verbrannt sind, legen Sie die armdicken Scheite auf diese; vier Stück sollten passen. Dann positionieren Sie wiederum vier quer dazu. Das Glutbett von unten und die noch brennenden Enden der daumendicken Hölzer zünden die armdicken Scheite sicher an.

Dieses Feuer sollte nach 15 Minuten vollständig brennen, sodass die Flammen 30–40 Zentimeter hoch züngeln. Ab jetzt legen Sie nur noch armdicke Scheite nach. Wenn Sie die zweite Runde nachgelegt haben, sollte eine Stunde seit dem Anzünden vergangen sein und Sie können die ersten Kohlen entnehmen. Legen Sie bei jeder Runde aber nur 6–8 Scheite nach, die Sie rundum dachförmig gegeneinander lehnen und rund um das Feuer anlegen.

Jetzt ist es Zeit, das Feuer in Form zu bringen. Auf Ihrer Feuerstelle schieben Sie das Feuer mit einer guten, stabilen Grillzange an die eine Seite und ziehen die Glut mit einer Schaufel auf die andere Seite. Die neuen Scheite werden dann nur noch auf der abgewandten Feuer-Seite nachgelegt, sodass Sie immer frische Glut in der Nähe des Glutbetts produzieren und von dort aus zum Glutbett ziehen können. Das ist ein kontinuierlicher Vorgang, der ständig die Aufmerksamkeit des Grillers benötigt. Denken Sie daran: Die Glut aus dem Feuer hält nur 15–20 Minuten die Hitze. Wenn Sie jetzt kein Holz nachlegen, haben Sie in 20 Minuten einen kalten Grill. Andererseits brauchen Sie nicht noch Holz nachzulegen, wenn Sie mit dem Grillen fertig sind.

Denken Sie auch daran, dass Sie das Feuer zum Schluss richtig löschen. Haben Sie ein größeres Feuer gemacht, dann kann es passieren, dass die äußere Schicht der Kohle zu Asche verglüht und die Kohlen darunter luftdicht abdeckt. Diese glühen dann noch stundenlang weiter und sobald ein Windstoß die Ascheauflage wegweht, liegt wieder die Glut frei. Schieben Sie die übrigen Kohlen zum Schluss nicht auf einen Haufen zusammen, sondern ziehen Sie die Glut weit auseinander, damit sie schnell verglimmt und Sie den Platz sicher verlassen können. Wenn es die Situation erfordert, können Sie die Glut auch mit Wasser ablöschen.

Das Grillfass „Cerveja“

Tramontina hat passend zu der brasilianischen Art zu grillen ein Grillfass entwickelt: Schütten Sie einfach in die Kohlenschale einen Anzündkamin voller durchgebrannter Kohle und schon kann es losgehen. Das hochglänzende Grillfass aus Edelstahl ist ein Eyecatcher bei jedem Grillen. Der portugiesische Name „Cerveja“ bedeutet Bier und so ist es kein Zufall, dass sich dieses Fass perfekt für eine kleine Grillrunde unter „Bierfreunden“ eignet.

Die Grillspieße „Amigos“, mit Holzgriff, werden einfach auf den Rand des Grillfasses gelegt und garen dort im idealen Abstand von 30 Zentimeter, also nicht so dicht wie in Europa üblich. Auch größere Spieße lassen sich verwenden, wenn Sie diese nicht vom Griff bis zur Spitze komplett bestücken. So sind einfache Gerichte wie Würstchen am Spieß, die sich Kinder selbst grillen können, bis hin zu Schweinefilet-Medaillons problemlos möglich.

Auf dem mitgelieferten Rost lässt sich aber auch in herkömmlicher Art und Weise ohne Spieße grillen. Dabei verbraucht das Grillfass nur 1,5 Kilogramm Holzkohle und ist sehr leicht zu reinigen: Einfach nach dem Erkalten den emaillierten Kohlebehäter aus dem Fass heben und ausleeren.

Nach der Grillsession können Sie mit ein paar Scheiten Holz ein kleines Feuer entfachen und auf der Terrasse um das Fass stehen, Rotwein oder Bier trinken und Lagerfeuergeschichten erzählen, auch wenn die Abende schon kühler werden. Der perfekte abendliche Ausklang für Gärten, in denen kein Lagerfeuer entzündet werden darf oder kann.

CARSTEN

Der Holzkohlegrill

Holzkohlegrills sind die am weitesten verbreiteten Grills. Klassischerweise sind dies sogenannte Flachgrills, die aus einer Art Schale bestehen. Diese werden, mit Holzkohle gefüllt und mit Anzündern bestückt, die mit einem Feuerzeug angezündet werden. Der Profi nutzt dazu einen Anzündkamin, der durch den physikalischen Kamineffekt mit vertikal gerichteten Luftströmen die Kohle schnell und einfach durchglüht. Anschließend kippt er dann die glühende Holzkohle in den Grill. Über der Glut wird dann ein Grillrost befestigt, worauf das Fleisch gedreht wird.

Diese Grills sind eigentlich dafür gedacht, einmal die Grillkohle einzufüllen und nur so lange zu grillen, wie die Kohle glüht. Das kann bei guter Kohle durchaus ein bis anderthalb Stunden dauern. Daher reicht dieser Grill für das deutsche Durchschnittsgrillen mit Würstchen und mariniertem Schweinenacken völlig aus.

Sollten Sie eine Schicht frische Kohle auf die bereits glühende kippen, dann ist er erst einmal, bis die frische Kohle durchgeglüht ist, für eine halbe Stunde außer Gefecht gesetzt. Besser ist es, in einem Anzündkamin separat eine Ladung Kohlen durchzuglühen und diese dann brennend in den Grill zu geben, sodass Sie nach wenigen Minuten weitergrillen können. Das verlangt aber nach einem vorausschauenden Handeln. Denn der Anzündkamin braucht auch 20 Minuten, bis die Kohlen fertig sind. Das kann allerdings auch zeitlich parallel zum Grillen passieren, denn Sie können einen Anzündkamin auch problemlos auf die Erde stellen, solange der Untergrund feuerfest ist. Eine Unterart des klassischen Holzkohlegrills bildet der Kugelgrill, auf den im folgenden eingegangen wird.

WEBER

Der Kugelgrill

Ein Kugelgrill bietet aufgrund seiner Luftsteuerung und seines Deckels mehr Möglichkeiten. Er wurde von George Stephen 1952 erfunden und hat seitdem einen Siegeszug durch die Welt angetreten, der noch lange nicht zu Ende zu sein scheint. Die Idee dahinter war, dass der Deckel die Hitze fängt und die Abluft reguliert, während der Lüftungsschieber im Kessel die Zuluft steuert. So ist es möglich, große Fleischstücke bei geringer Temperatur langsam und schonend zu garen. Aufgelegte Räucher-Hölzer sorgen für einen Rauchgeschmack, der amerikanisches BBQ ausmacht.

Weiterhin ist es möglich, die Kohle in verschiedenen Bereichen zu konzentrieren: Zunächst können Sie über der Kohle ein Steak angrillen, um ein Branding zu erzeugen, und es dann anschließend in der indirekten Zone neben der Kohle bei niedriger Temperatur langsam garziehen lassen. Für dickere Fleischspieße kann es auch sinnvoll sein, die Kohle jeweils links und rechts an den Rand zu schieben und in der Mitte ein feuerfestes Gefäß mit Wasser zu platzieren. Über diesem können dann die Spieße liegen, sodass die seitliche, indirekte Hitze gut genutzt wird und kein Fett in die Glut tropfen kann.

Viele Weber-Grills sind inzwischen in deutschen Gärten angekommen und zahlreiche Nachbauten überschwemmen den Markt. Das geniale Prinzip hat sich jedoch noch nicht überall herumgesprochen und so fristen viele Kugelgrills ein Schattendasein als Flachgrill mit Regendeckel. Die echten Kenner nutzen ihren Kugelgrill aber nicht nur als Flachgrill oder eben als Kugelgrill für das indirekte Grillen mit der „low and slow"-Methode, sondern haben sich Zubehör beschafft, sodass sie beispielsweise Pizzen backen können.

Ein weiteres, interessantes Zubehör ist ein Spießhalter, der es Ihnen ermöglicht, die Tramontina-Spieße auf dem Kugelgrill einzusetzen (siehe Spießaufsätze S. 12). Die geschickt eingebrachten Schlitze erlauben es Ihnen, den Spieß in verschiedenen Winkeln zu arretieren. Als Kugelgrill-Besitzer sollten Sie dieses Zubehörteil auf jeden Fall in Betracht ziehen, da es das Spießgrillen immens vereinfacht.

Indirektes Grillen mit einer Tropfschale in der Mitte und Spießhalter

Drei-Zonen-Grillen: starke direkte Hitze, mittlere direkte Hitze und keine direkte Hitze

Der Gasgrill

Grundsätzlich gibt es beim Gasgrill zwei Varianten, die kugelförmigen und die eckigen, jeweils mit Haube bzw. Deckel. Ein Gasgrill wird noch immer von einigen BBQ-Enthusiasten nicht ernst genommen, sodass „Gasgriller“ für sie ein Schimpfwort ist. Dabei kommt es aber auf die individuellen Bedürfnisse an, denn geschmackstechnisch gibt es keinen Unterschied: Gas verbrennt, wie gute Kohle, geruchlos.

Gasgrills haben aber auch deutliche Vorteile, die man nicht unter den Tisch fallen lassen sollte: Zum einen die schnelle Einsatzbereitschaft; denn die Hitze ist nach wenigen Minuten da und das Grillen kann starten. Zum anderen hilft der beim Verbrennen von Propangas freiwerdende Wasserdampf dabei, dass zum Beispiel Fisch nicht so schnell trocken wird. Auch muss man die Sicherheit ins Feld führen: Ein Holzkohlegrill verbreitet extrem viel Kohlenmonoxid, das in geschlossenen Räumen schon zu vielen Todesfällen geführt hat. Aus diesen Gründen sind eigentlich alle Rodizio-Grills in Restaurants mit Gasgrills ausgerüstet.

Gas lässt sich auch ohne viel Übung einfach intuitiv regeln, was über Stunden eine konstante Temperatur sicherstellt. Im Grunde funktioniert das wie beim Herd in der Küche. Der Drehknauf reguliert den Gasfluss und somit die Temperatur im Grill. Nachdem der Gashahn abgedreht wurde, ist der Gasgrill bauartbedingt schnell wieder ausgekühlt und kann zurück in die Garage geschoben werden.

Sollten Sie mit dem Gedanken spielen, sich einen eckigen Gasgrill anzuschaffen, dann achten Sie darauf, dass dieser mindestens drei Flammen zur Verfügung hat. So lässt sich in der Mitte problemlos indirekt grillen. Das heißt das Grillgut kann schonend garen, indem nur die linke und die rechte Flamme gezündet wird. Die Möglichkeit, nur bestimmte Bereiche zu beheizen, kommt Ihnen auch zugute, wenn Sie nur ein paar Würste für zwei Personen zum Abendbrot grillen wollen. Sie müssen also nicht erst den ganzen Grill aufheizen oder wie beim Holzkohlegrill einen halben Sack Holzkohle anfeuern.

Indirektes Grillen beim Gasgrill

CAMPINGAZ
4 Series Classic EXS

III. WARENKUNDE

Jedes Land und fast jede Gegend hat eine andere Art und Weise, Tiere zu zerlegen. Dementsprechend gibt es einige Zuschnitte aus Amerika oder Südamerika, die in Deutschland nicht zu kaufen sind. In dieser kleinen Abhandlung sollen die wichtigsten Schnitte und Handgriffe so erklärt werden, dass Sie diese leicht in Ihrer Küche nachmachen können, um ein leckeres Ergebnis zu erzielen. Ähnliches gilt für Gewürze, die zwar mittlerweile alle problemlos in länderspezifischen Läden, im Internet oder im Feinkosthandel gekauft werden können, bei denen man aber wissen sollte, um was es sich handelt und wofür man sie benötigt.

Andere Länder, andere Fleischzuschnitte … … und wie man sie auf einen Spieß bekommt

Jeder richtige Grill-Aficionado ist heutzutage im Internet unterwegs und sieht bei YouTube Videos aus aller Welt, die den Wunsch wecken, das eine oder andere nachzukochen. Darauf ist der deutsche Handwerks-Metzger natürlich nicht eingestellt. Zudem hat Deutschland keine eigene Rindfleisch- und Steakkultur: Rindfleisch wurde und wird entweder gekocht und zu Suppe verarbeitet oder als Rinderbraten mit Rotkohl und Klößen zubereitet. Was aus der Sicht des Metzgers nicht zum stückweisen Verkauf geeignet ist, kommt eben in die Wurst. In anderen Ländern, wie beispielsweise in Amerika, Brasilien oder Argentinien, wird gerne und viel Rindfleisch als gegrilltes Steak gegessen. Von Japans Kobe-Kult brauche ich gar nicht zu sprechen. Ein typisches Beispiel ist der Tafelspitz, der in Deutschland eigentlich nur gekocht und mit einer Meerrettichsauce serviert, bekannt ist. In Argentinien heißt dieses Stück „Picanha" und ist eines der beliebtesten Steakzuschnitte überhaupt.

Das bedingt aber auch, dass die Stücke in anderen Ländern anders zugeschnitten werden. Einige Steaks gibt es in Deutschland nicht, weil hier die Tiere anders zerlegt werden. Das ändert sich langsam, seit die Nachfrage nach den speziellen Stücken gestiegen ist und die Schlachter festgestellt haben, dass das Fleisch, das sie früher in einer Salami verarbeitet haben, heute als beliebtes Steak viel teurer zu verkaufen ist. Vieles kann man mit etwas Geschick aber selbst zurechtschneiden und authentisch auf die Spieße bringen.

WIE MAN EIN GANZES HUHN TEILT

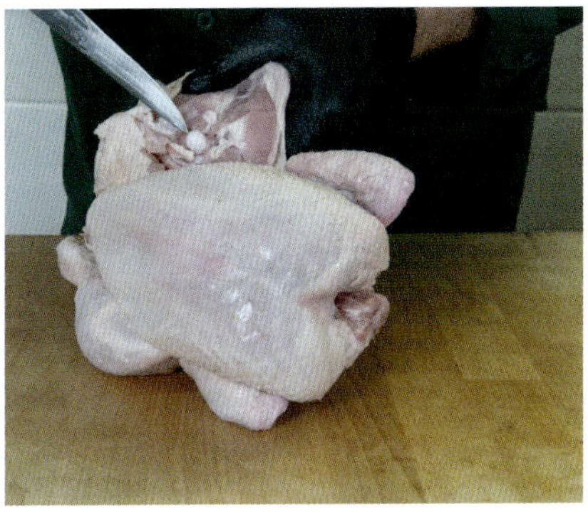

1 Drücken Sie zunächst das Bein zur Seite und schneiden Sie auf das Kugelgelenk zu

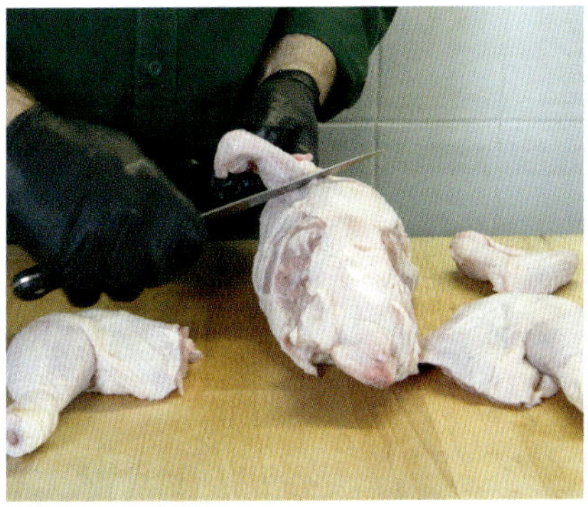

2 Legen Sie das Tier auf die Brust und schneiden Sie auf dem Rücken die Flügel ab

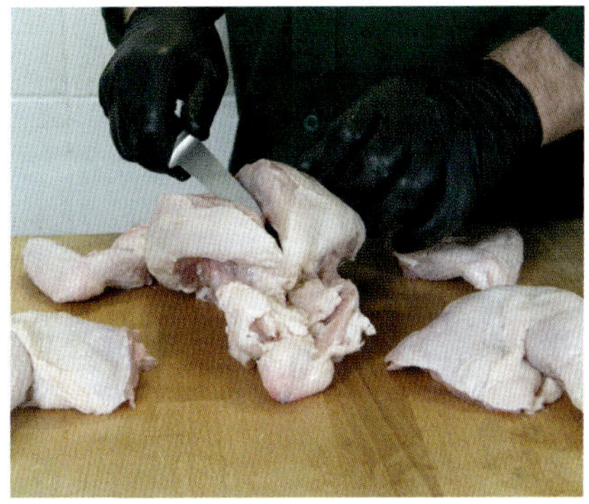

3 Legen Sie es auf den Rücken und schneiden Sie an dem Knochenkamm auf das Brustbein herunter, folgen Sie dem Knochen zur Seite und schneiden Sie das Brustfleisch ab

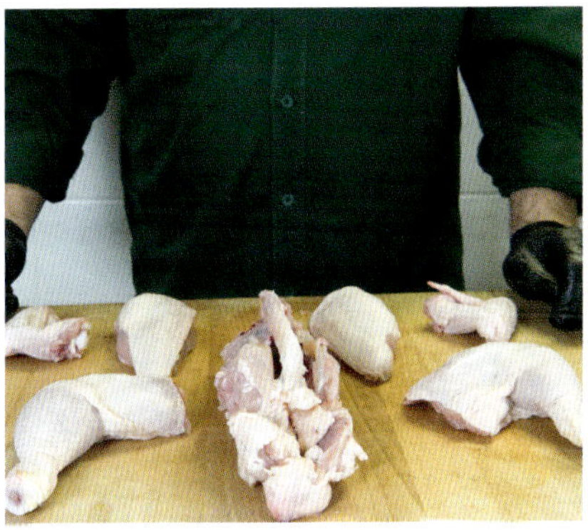

4 Die beiden Brüste, Keulen und Flügel und in der Mitte die Karkasse

5 Schneiden Sie, um das Bein zu trennen, von innen nach außen durch das Gelenk

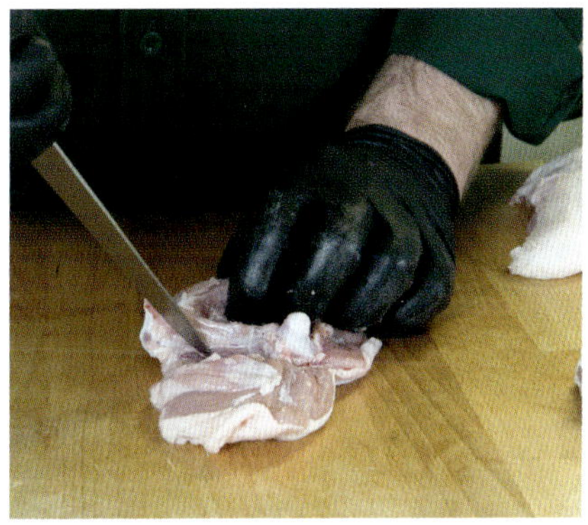

6 Schneiden Sie zum Entbeinen der Oberkeule von Innen auf den Knochen zu

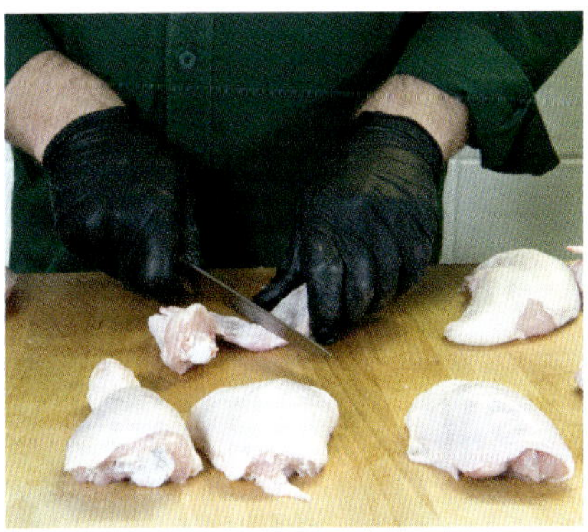

7 Teilen Sie den Flügel, indem Sie durch die Gelenke schneiden

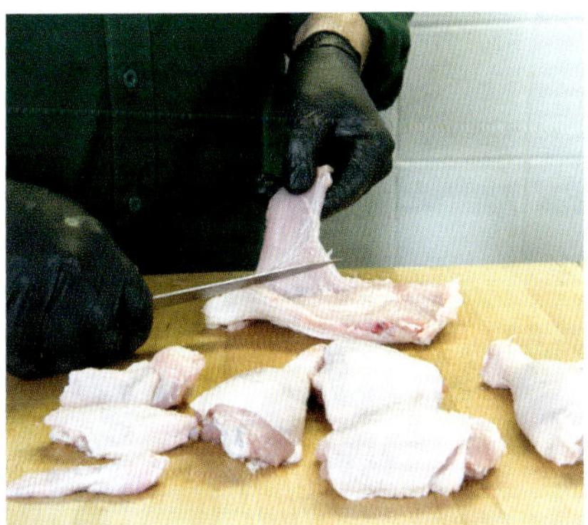

8 Trennen Sie bei den Brustfilets die Innen-Filets ab

9 Oben die Filets, innen die Ober- und Unterkeulen, außen die Flügel

WIE MAN EINE KALBSBRUST FÜR ASADO VORBEREITET

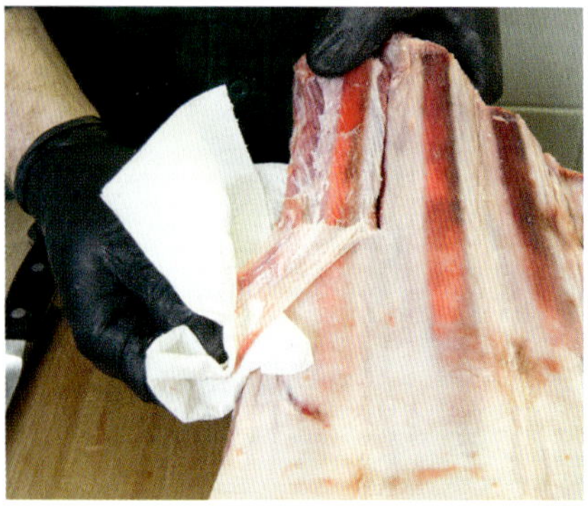

1 Entfernen Sie auf der Innenseite die Silberhaut von den Rippen

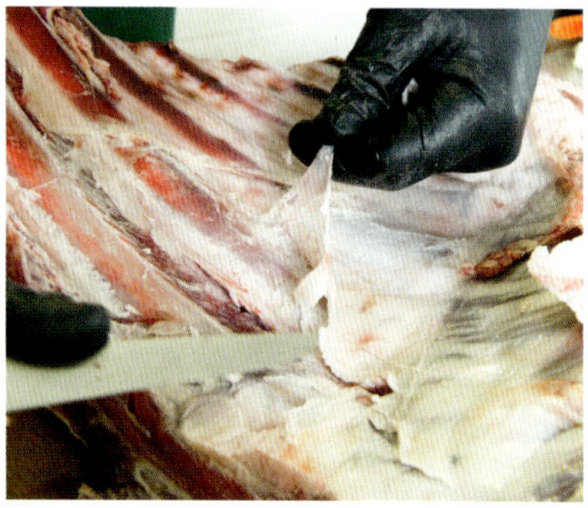

2 Oftmals muss das Messer helfen

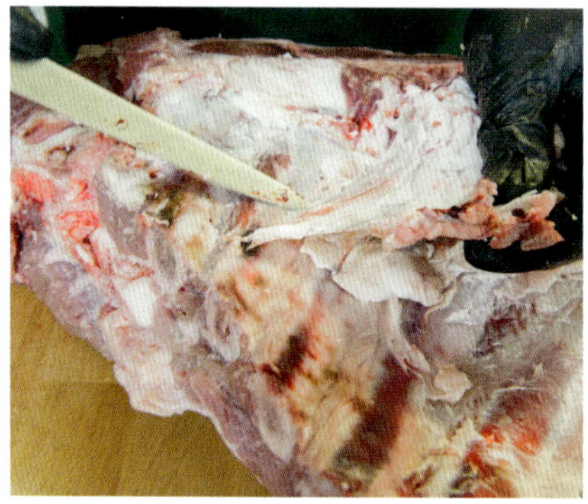

3 Entfernen Sie Fett, blutunterlaufene Teile und alle unappetitlichen Stellen

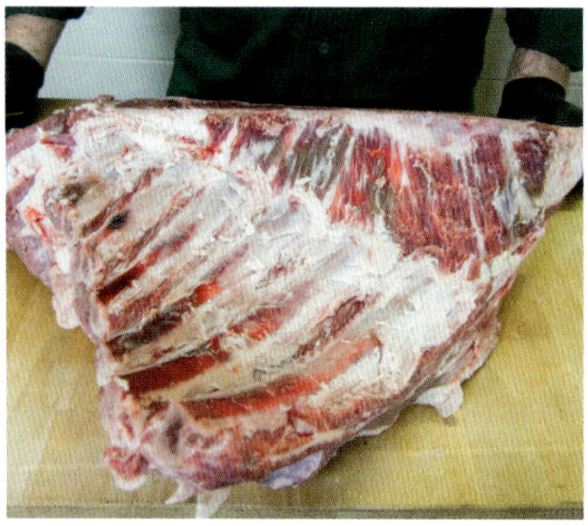

4 Die Innenseite ist sauber pariert

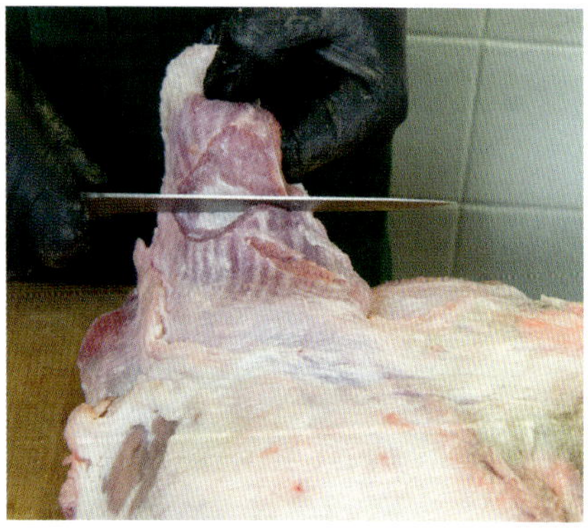

5 Auf der Außenseite entfernen Sie lose Fleischteile

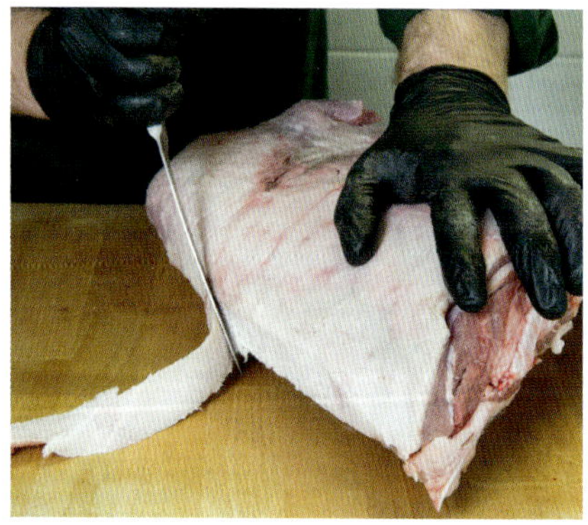

6 Entfernen Sie auch überschüssiges Fett

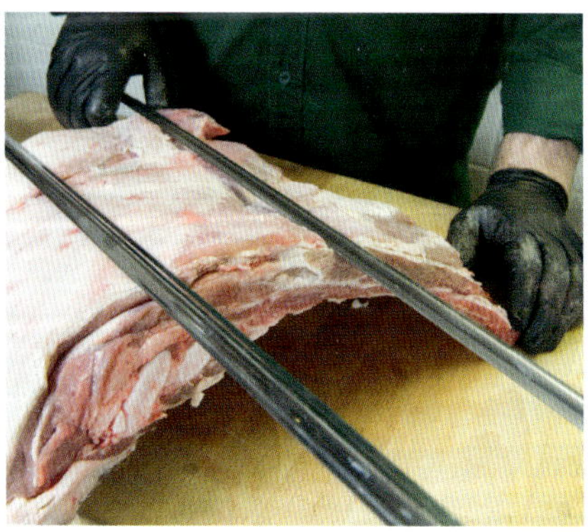

7 Die Lage der zwei Spieße angedeutet

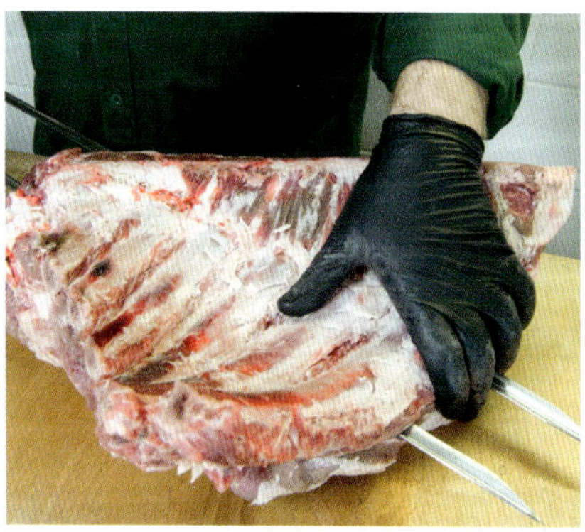

8 Achten Sie beim Spießen auf Ihre Finger

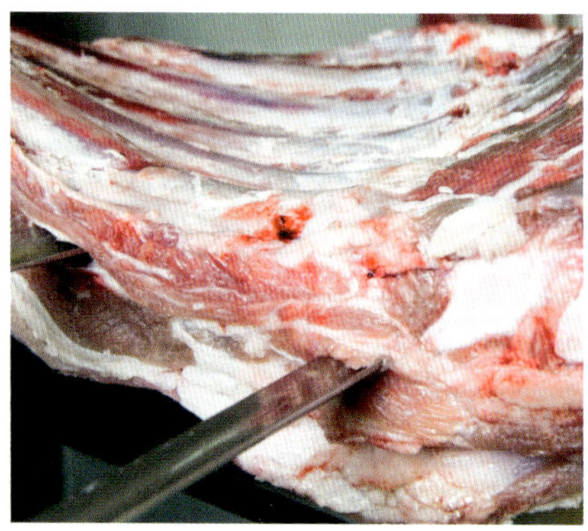

9 Die Spieße gehen auf den Rippen durch das Fleisch

WIE MAN AUS TAFELSPITZ PICANHA MACHT

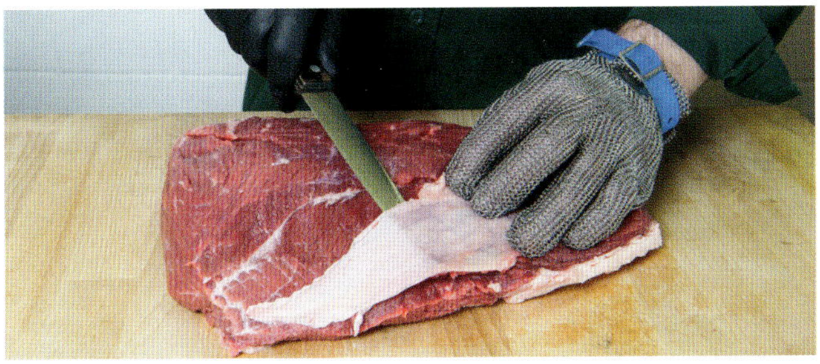

1 Schneiden Sie auf der Fleischseite die Silberhaut ab

2 Teilen Sie das Stück in 5–6 Teile, je nach Größe

3 Biegen Sie die Stücke zum Halbmond, das Fett außen

4 Stecken Sie die Stücke mit dem kleinsten beginnend auf den Spieß

WIE MAN EINEN FISCH AUFSPIESST

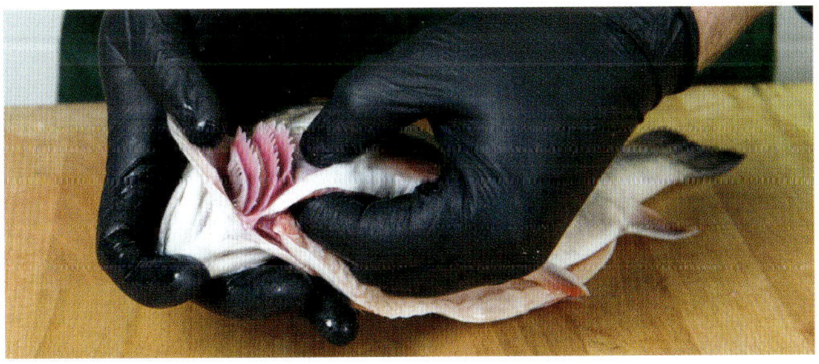

1 Entfernen Sie zunächst die Kiemen, sollte das noch nicht geschehen sein

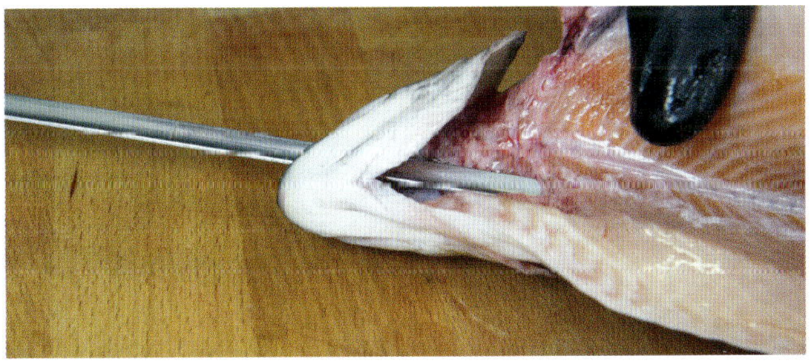

2 Schieben Sie den Spieß durch das Maul in den Körper

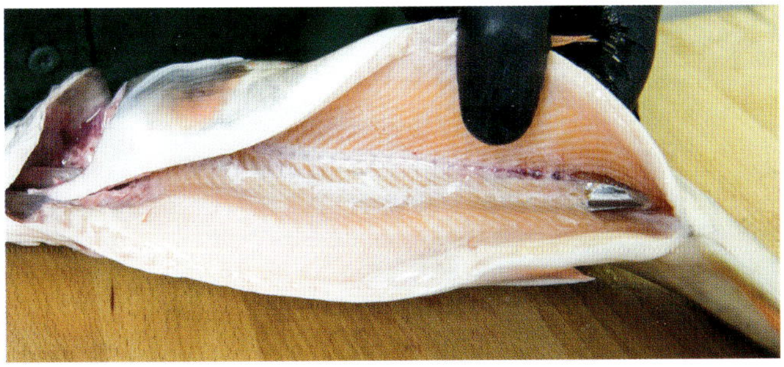

3 Der Spieß gleitet dicht an den Rippen entlang, am Ende der Körperhöhle wechselt er die Körperseite

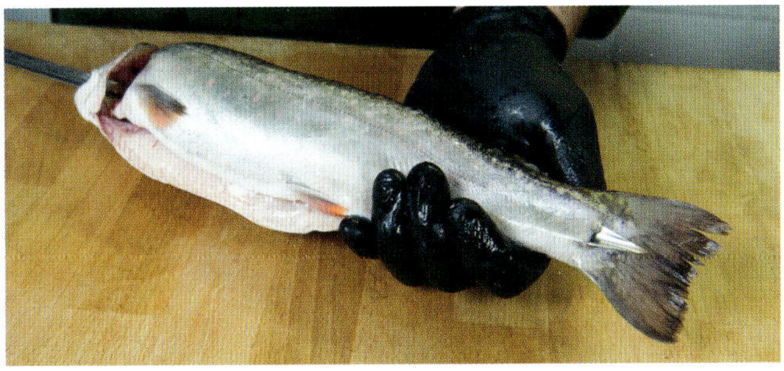

4 Schieben Sie den Spieß dicht an der Wirbelsäule durch den Schwanz und vor der Schwanzflosse wieder heraus

WIE MAN EINE LAMMKEULE VORBEREITET UND AUFSPIESST

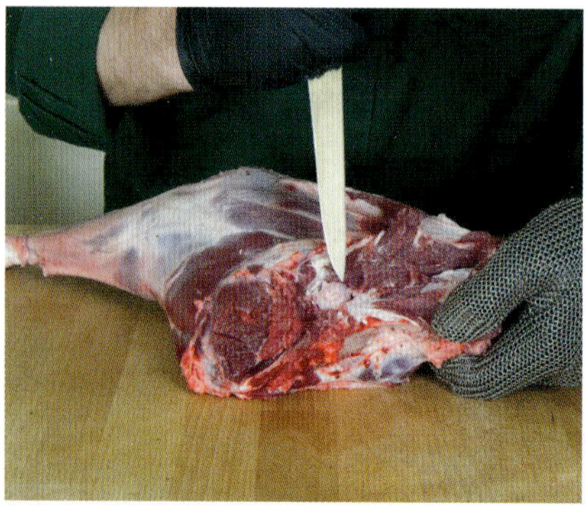

1 Schneiden Sie von der Innenseite der Keule am Schlossknochen auf die Kugel am Oberschenkel zu

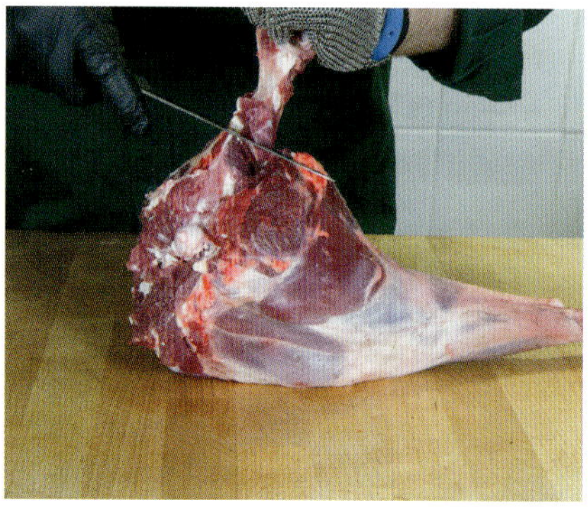

2 Das Messer führen Sie am Knochen entlang und entfernen den Schlossknochen vollständig

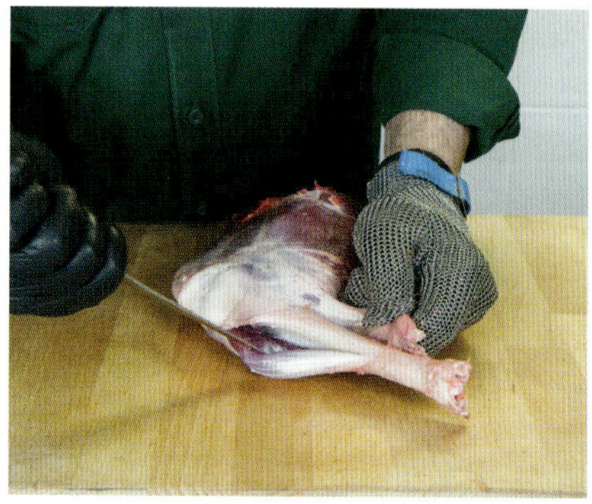

3 Legen Sie den Unterschenkel frei

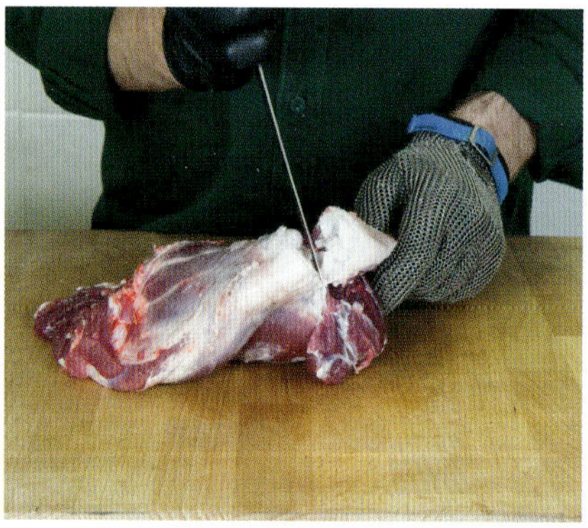

4 Durchtrennen Sie das Gelenk

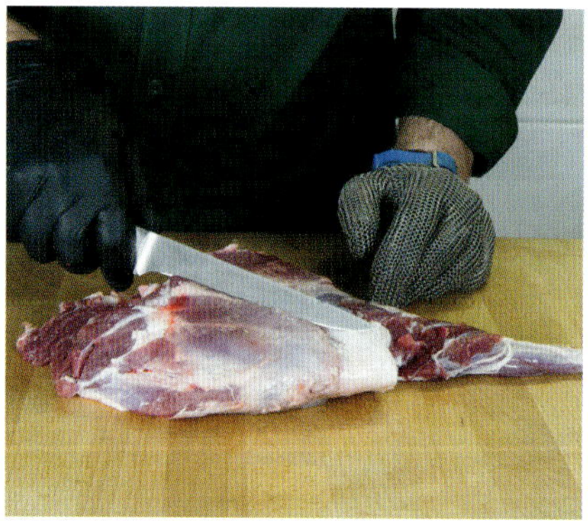

5 Das Messer deutet den Schnittverlauf auf der Innenseite des Oberschenkels an

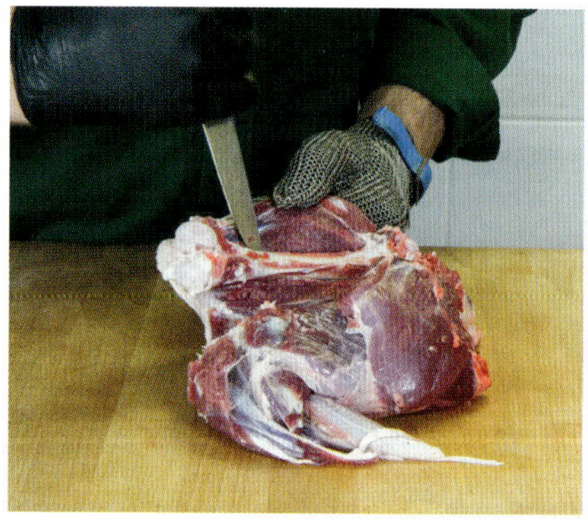

6 Legen Sie den Knochen frei und entfernen Sie ihn

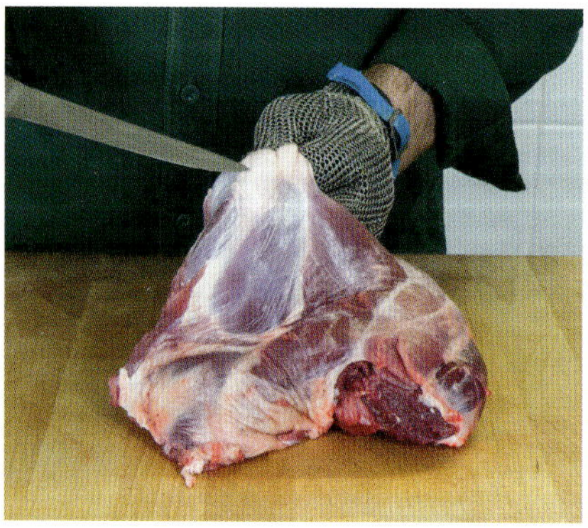

7 Die Messerspitze zeigt auf die Kniescheibe, die unbedingt entfernt werden muss

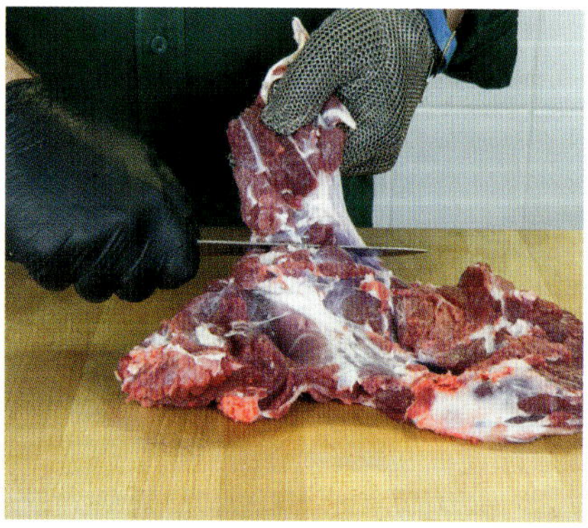

8 Entfernen Sie das Fleisch vom Unterschenkel

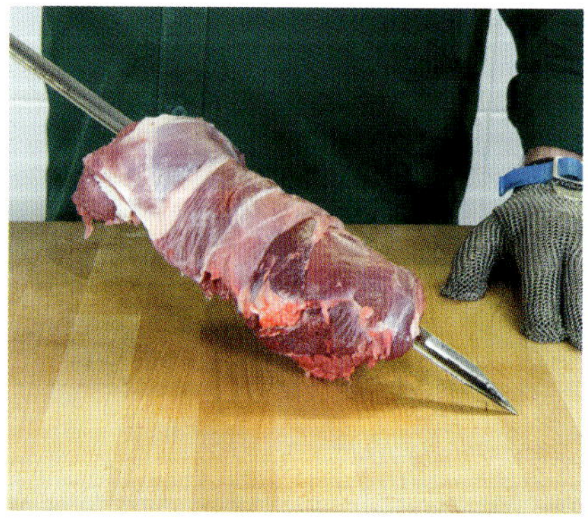

9 Spießen Sie das Fleisch längs auf einen Spieß

WIE MAN EIN BUTTERFLY-HÄHNCHEN VORBEREITET

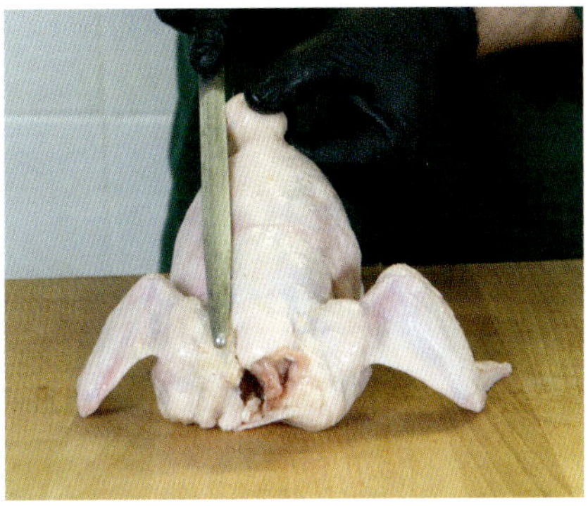

1 Hier wird mit dem Wetzstahl die Schnittführung angedeutet

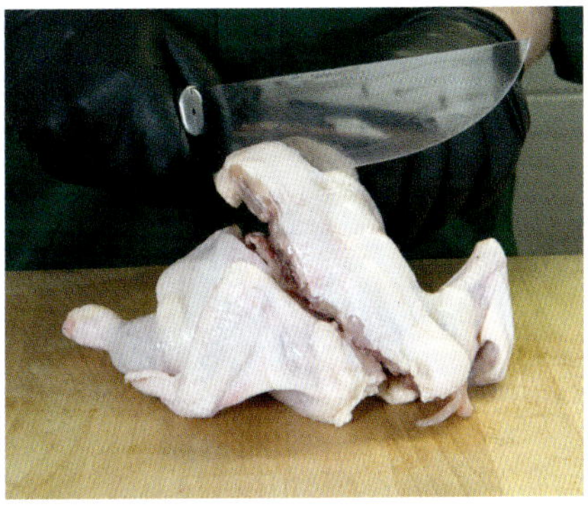

2 Schneiden Sie mit einem schweren Messer neben beiden Seiten der Wirbelsäule

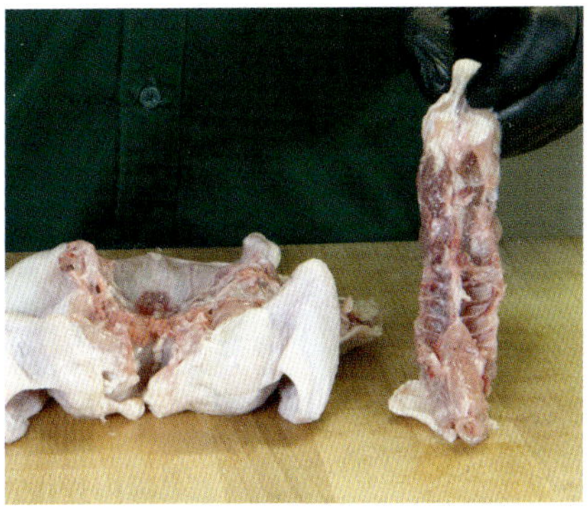

3 Die entfernte Wirbelsäule

4 Legen Sie das Hühnchen mit der Brust nach oben

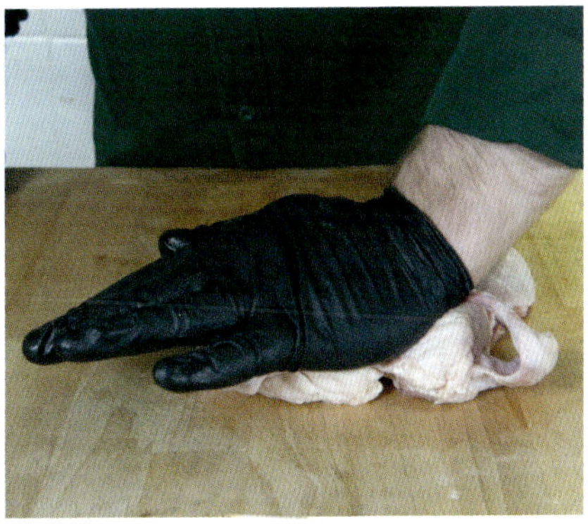

5 Drücken Sie mit der flachen Hand auf das Brustbein, bis der Vogel flach liegt

6 Entfernen Sie die beiden äußeren Flügelglieder

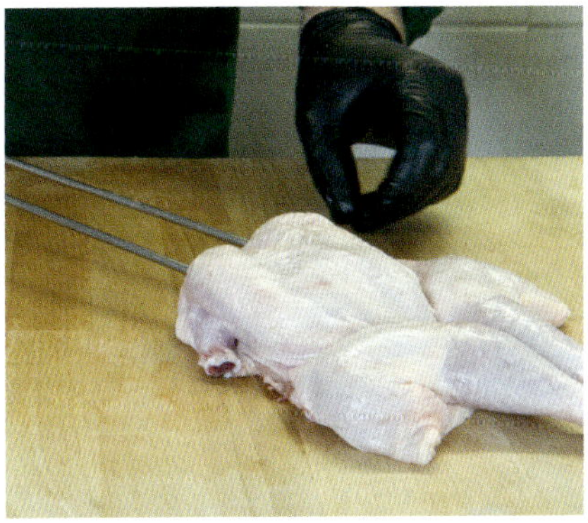

7 Spießen Sie von der Brust beginnend den Grillspieß „Duo" ein

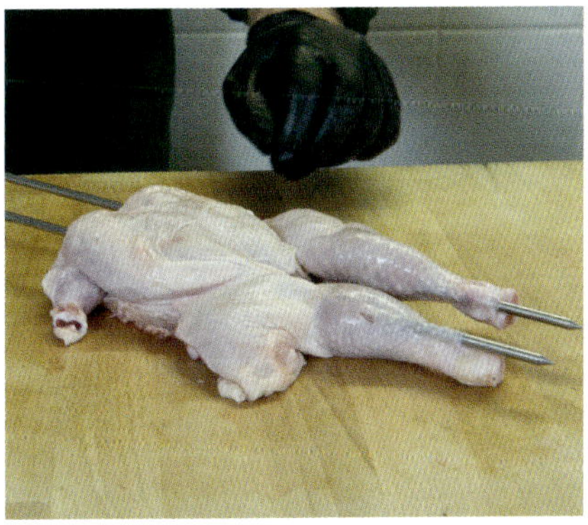

8 Die Spieße kommen unten aus den Beinen wieder heraus

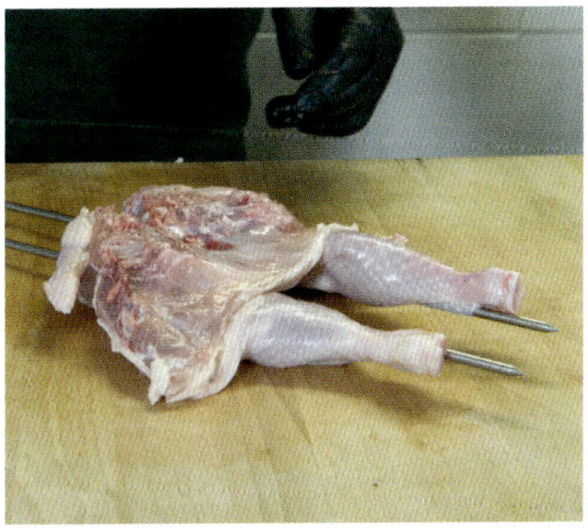

9 Sollte das Tier zu weit herunterhängen, spießen Sie noch einen kurzen Spieß quer ein, um das Ganze zu stabilisieren

WIE MAN EINEN SPIESSBRATEN FÜLLT UND BINDET

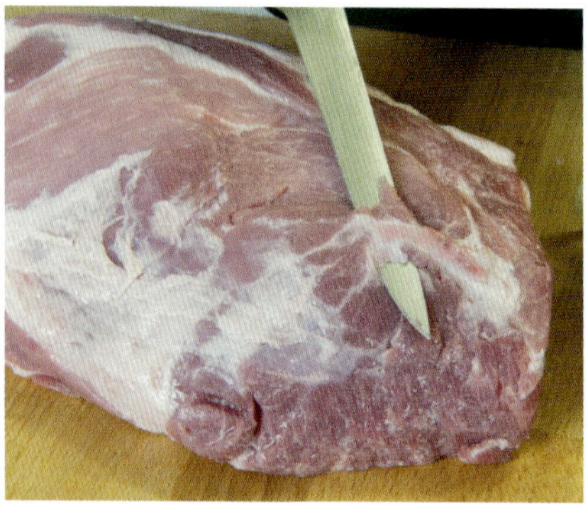

1 Entfernen Sie zunächst alle Knochenreste

2 Schneiden Sie das obere Drittel als Deckel ein, aber nicht ab

3 Klappen Sie den Deckel ab und schneiden Sie das verbleibende Teil ebenfalls auf, sodass Sie eine große Fleischplatte bekommen

4 Der fertig aufgetrennte Spießbraten

5 Würfeln Sie Zwiebeln

6 Bestreichen Sie den Braten mit Senf

7 Würzen Sie reichlich mit Spießbratengewürz

8 Bestreuen Sie das Fleisch mit den Zwiebelwürfeln und

9 anschließend mit Paprikawürfeln für die Farbe

10 Rollen Sie den Braten ein

11 Knoten Sie an einer Seite das Fleisch zusammen

12 Legen Sie alle zwei Fingerbreit eine Schlaufe

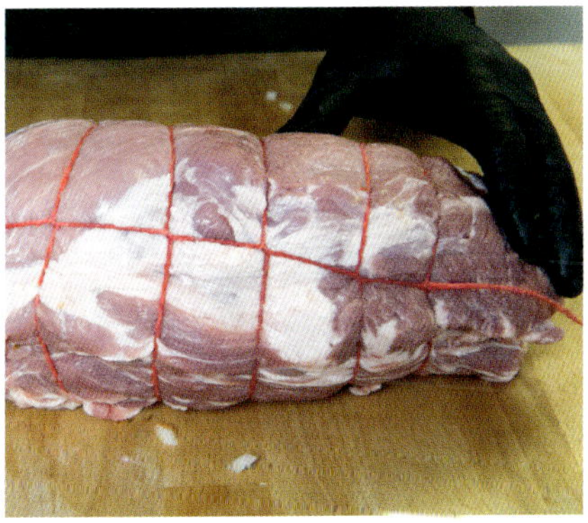

13 Am Ende angekommen, arbeiten Sie auf der anderen Seite weiter

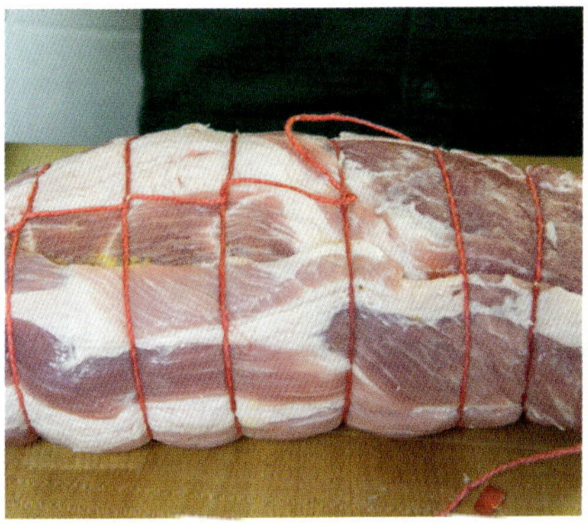

14 Führen Sie den Faden zurück und machen Sie um jede Schnürung eine Schlaufe

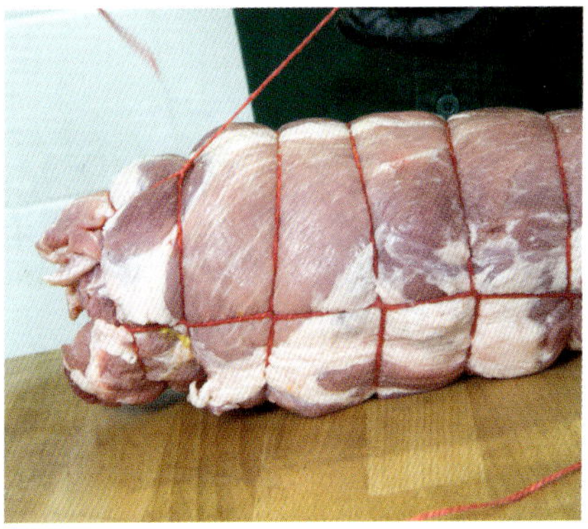

15 So schnüren Sie insgesamt viermal längs

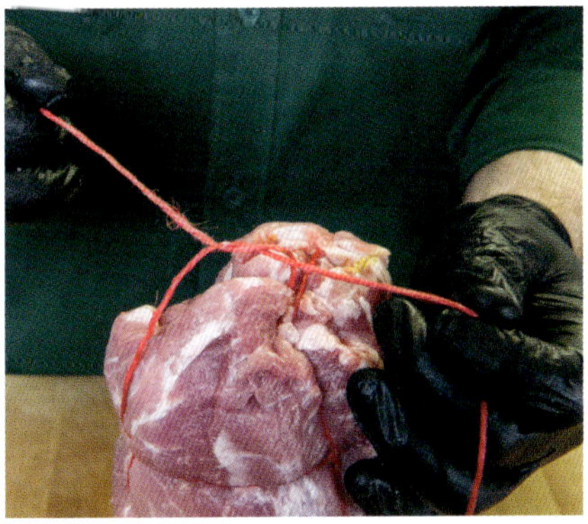

16 Verschnüren Sie die Enden gut

17 Ein Doppelspieß sorgt für einen guten Halt

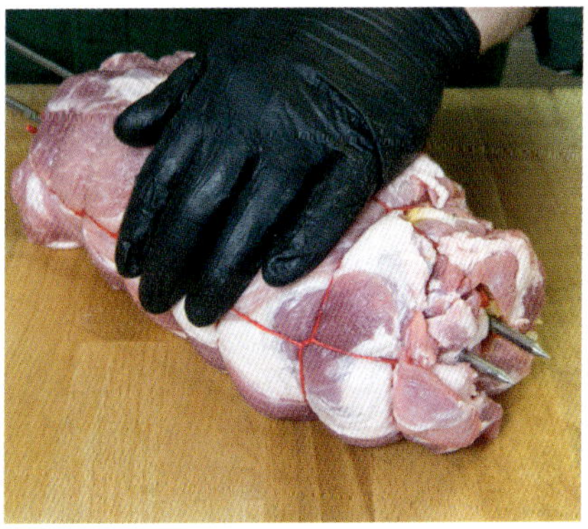

18 Spießen Sie den Braten auf und achten Sie auf eine gleichmäßige Gewichtsverteilung

WIE MAN EINE ENTE VORBEREITET UND AUFSPIESST

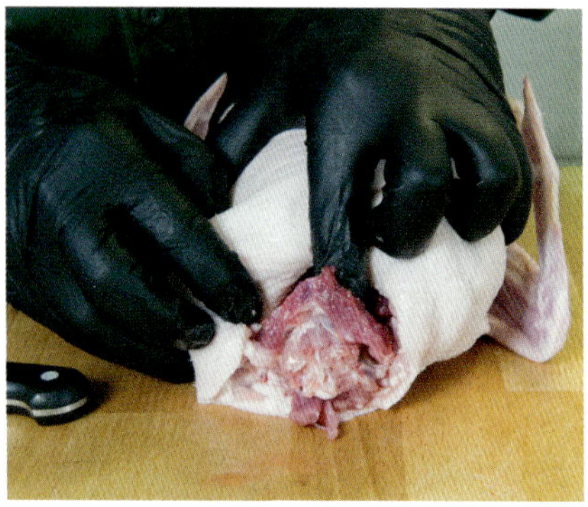

1 Entfernen Sie zunächst das Gabelbein, dann lässt sich der Vogel später besser tranchieren

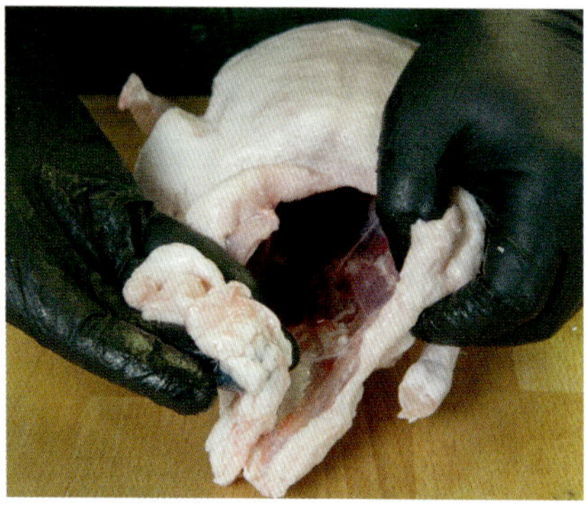

2 Entfernen Sie das Fett aus der Bauchhöhle

3 Füllen Sie die Ente mit Äpfeln und Zwiebeln

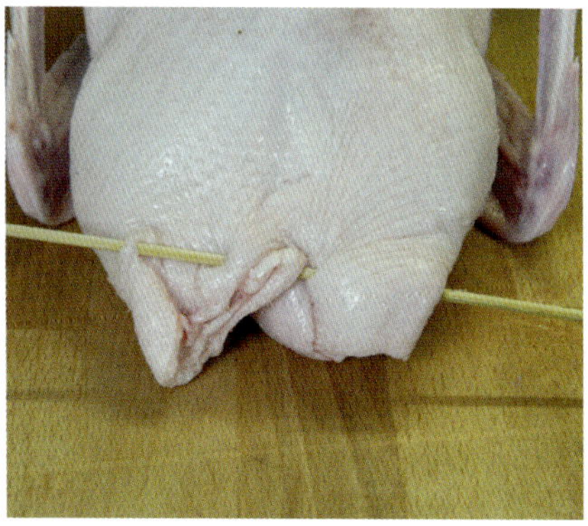

4 Verschließen Sie den Hals mit einem Holzspieß

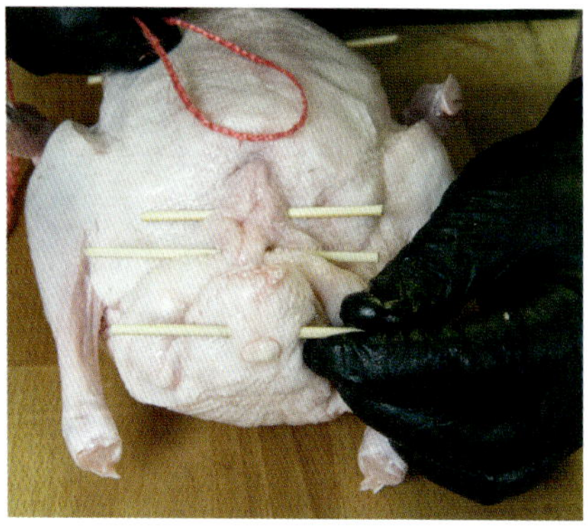

5 Verschließen Sie das hintere Ende mit drei Holzspießen

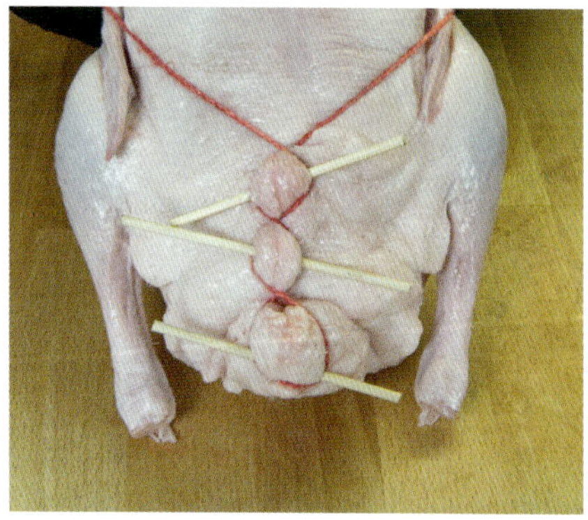

6 Mit einem umgewickelten Band halten die Spieße besser

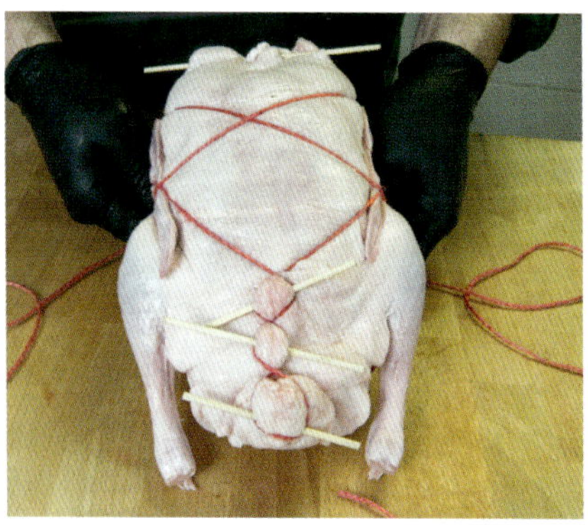

7 Schnüren Sie die Flügel eng an den Körper

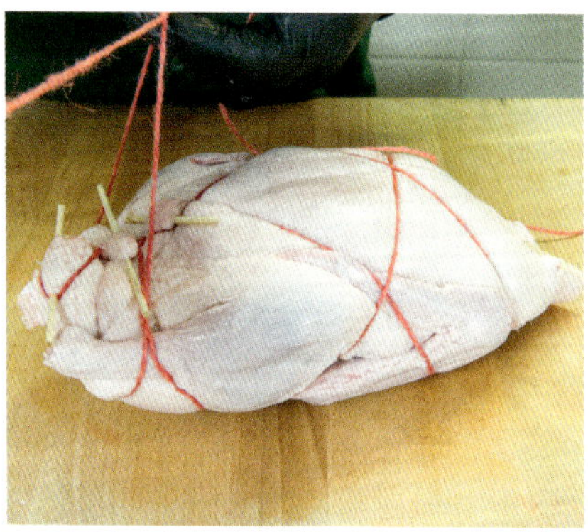

8 Sauber gebunden sollte die Ente schön kompakt sein und gleichmäßig garen

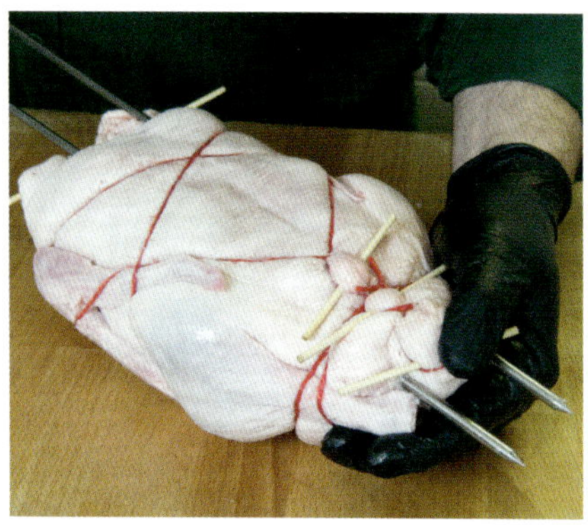

9 Am besten spießen Sie die Ente auf einen Doppelspieß, da sie sich dann nicht dreht

WIE MAN EINE ENTE TRANCHIERT

1 Ziehen Sie den Spieß aus der Ente

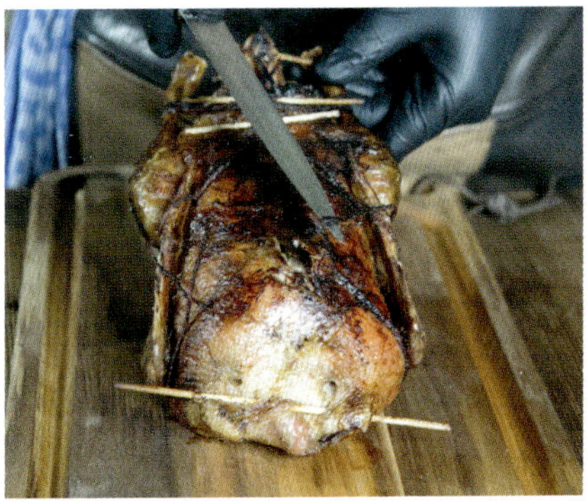

2 Entfernen Sie die Schnürung

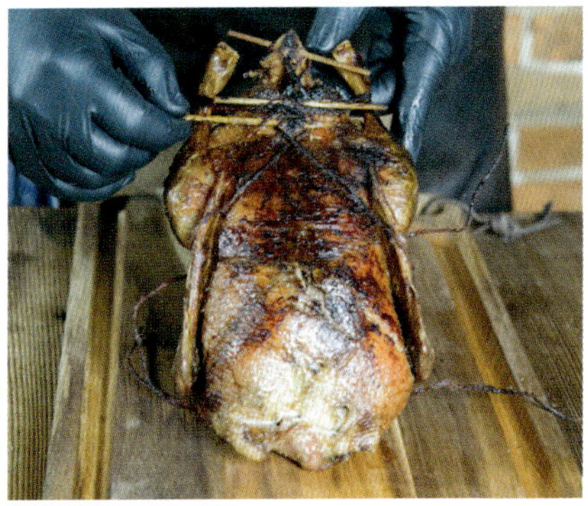

3 ...und die Holzspieße

4 Legen Sie die Ente auf den Rücken und stechen Sie eine lange Gabel links neben dem Brustbein bis aufs Brett durch

5 Mit dem Messer drucken Sie das Bein zur Seite und schneiden es in dem Kugelgelenk ab

6 Schneiden Sie am Knochenkamm auf das Brustbein zu

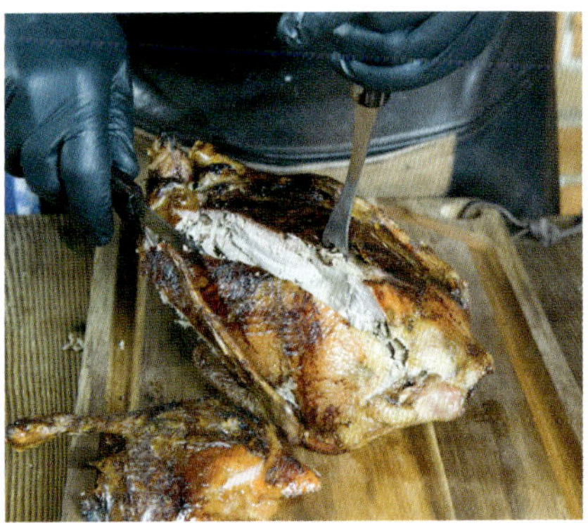

7 Drücken Sie das Brustfleisch zur Seite, der Flügel verbleibt am Brustfleisch, wenn vorher das Gabelbein entfernt wurde

8 Schneiden Sie den Flügel ab

9 Die wichtigen Teile: Brust in Tranchen geschnitten, Keule und Flügel

WIE MAN EINE WURST HERSTELLT

1 Schneiden Sie das Bauchfleisch in Streifen und entfernen Sie die Knorpel

2 Schneiden Sie auf die Schwarte zu, aber diese nicht durchtrennen

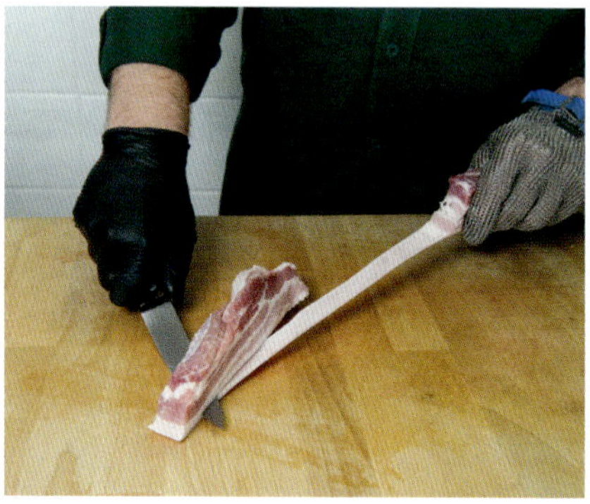

3 Ziehen Sie an der Schwarte und das Messer trennt das Fleisch sauber ab

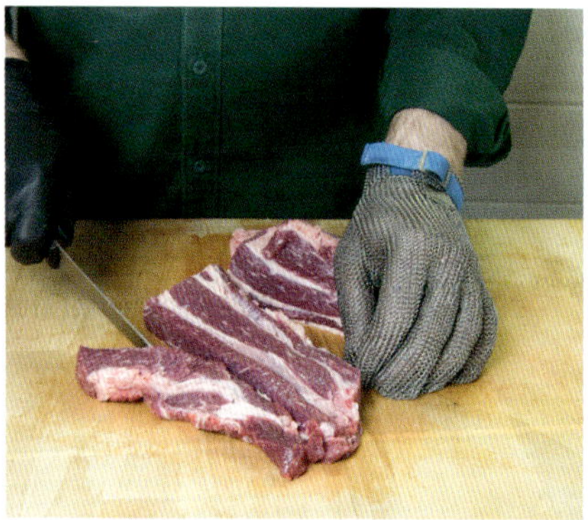

4 Schneiden Sie das Rindfleisch ebenfalls in Streifen

5 Mischen Sie in einer Wanne Fleisch, Salz und Gewürze

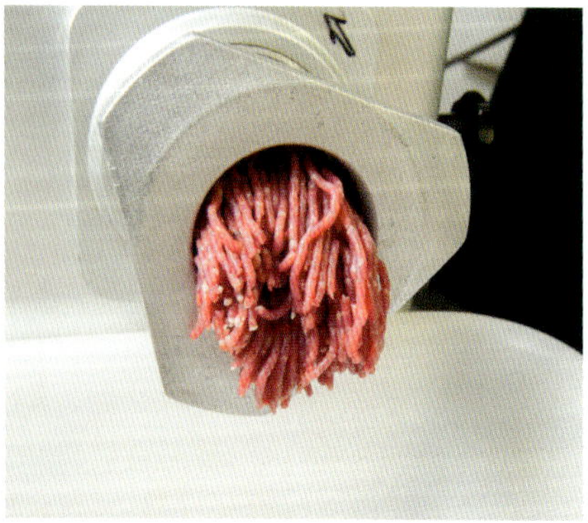

6 Lassen Sie das Fleisch durch einen Wolf mit 3-mm-Scheibe und achten Sie auf ein sauberes Schnittbild

7 Noch sind Fleisch, Fett und Gewürze ungleichmäßig verteilt

8 Nach dem Kneten mit dem Rotwein ist das Bild einheitlich

9 *Formen Sie eine Kugel und werfen Sie diese mit Schwung in den Wurstfüller*

10 *Ziehen Sie den gut gewässerten Darm auf das Füllrohr*

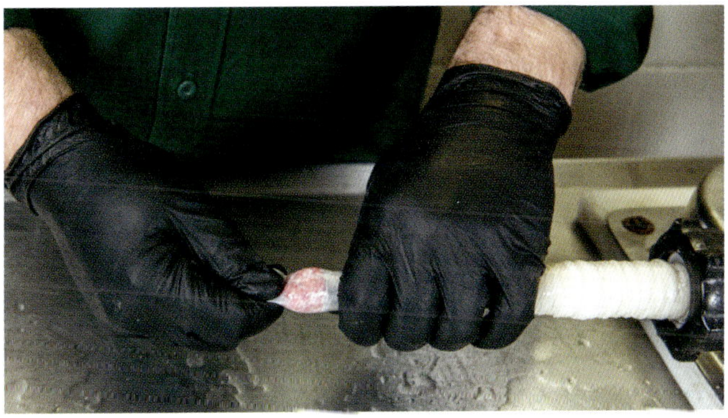

11 *Zum Füllen halten Sie den Darm mit der einen Hand zu und führen ihn mit der anderen auf dem Füllrohr*

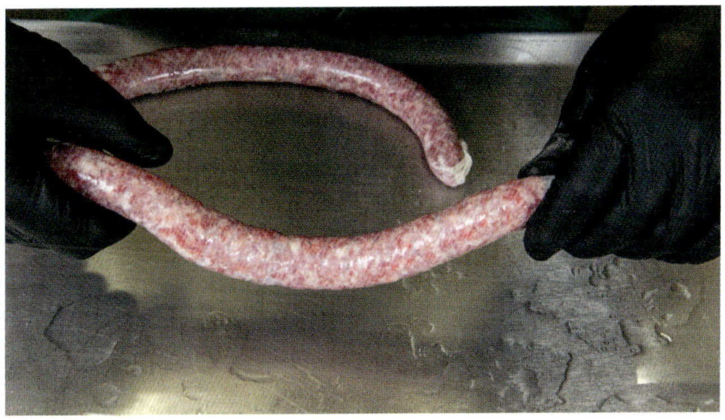

12 *Die Hand am Darm unterstützt nur, zieht aber nicht, denn das Brät schiebt den Darm vom Füllrohr*

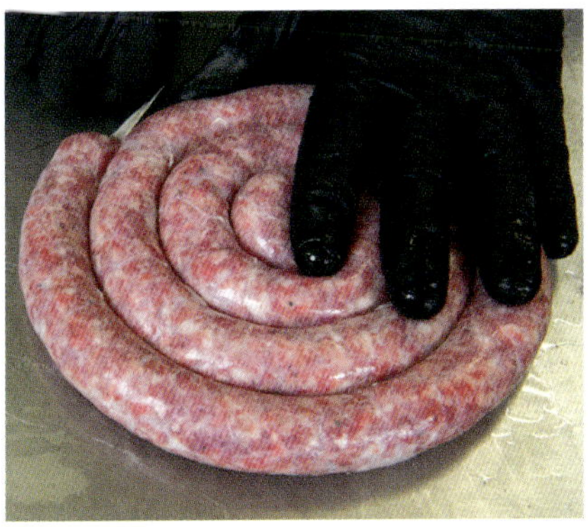

13 *Drehen Sie die Wurst zu einer Schnecke*

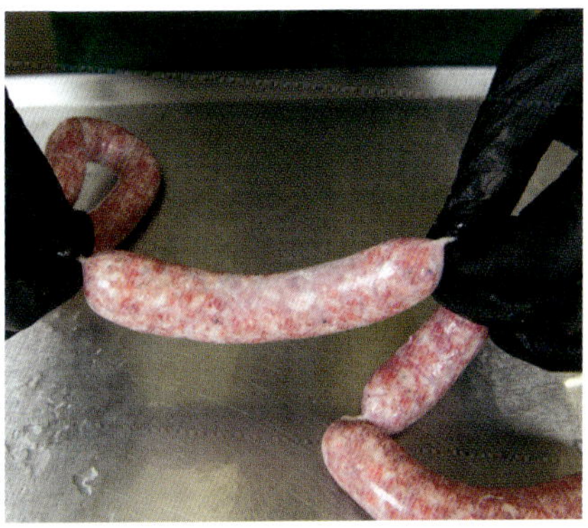

14 *Für Einzelwürste drücken Sie den gefüllten Darm im gewünschten Abstand zusammen und drehen die Würste um sich selbst*

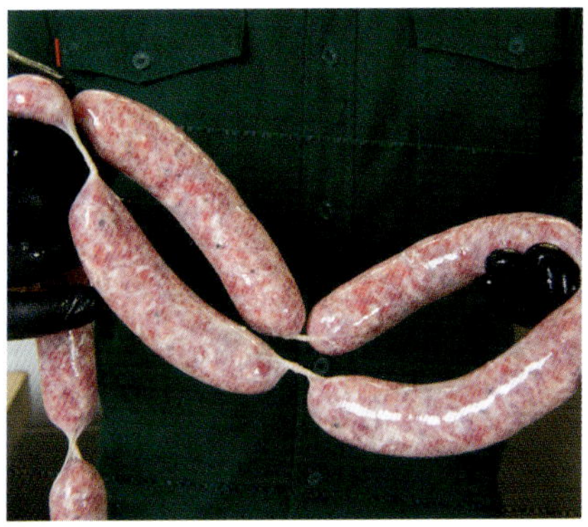

15 *So entsteht eine lange Wurstkette*

Gewürze aus aller Welt

13-Gewürzepulver

Es handelt sich um eine Gewürzmischung aus vielen verschiedenen Gewürzen und Zutaten, wobei es nicht unbedingt 13 sein müssen. Der Name deutet nur eine komplizierte Mischung an. Typisch sind Sternanis, Fenchel , Kümmel, Szechuanpfeffer, Galgant, Orangenschale, weißer Pfeffer, Süßholz, Muskat, Zimt, Ingwer, Angelika, Nelken und Amomum. Sie bekommen es in Asia-, Feinkostläden und im Internet.

5-Gewürzepulver

Diese Gewürzmischung ist für den typischen Geschmack der Chinesischen Küche verantwortlich. Es besteht aus Sternanis, Szechuanpfeffer, Zimtkassie, Fenchel und Gewürznelke. Es kommt gemahlen in den Handel und ist in jedem gut sortierten Supermarkt zu bekommen.

Brauner Zucker

Brauner Zucker wird für viele, besonders amerikanische Gewürzmischungen (Rubs) benötigt. Er bringt im Gegensatz zum weißen Zucker noch etwas mehr Geschmack mit. Beim Kauf sollten Sie genau hinschauen, es gibt auch mit Zuckercouleur gefärbten Weißzucker. Brauner Zucker ist immer leicht klebrig und zieht Feuchtigkeit an, daher sollten Sie ihn immer gut verschlossen aufbewahren.

Brühwürfel

Es handelt sich dabei um gepresste Würze aus Salz, Fett, Geschmacksverstärkern und Gewürzen, die als Basis für eine Brühe in Wasser aufgelöst wird. In Afrika werden Brühwürfel als Basis für viele Gerichte genutzt, denn sie bringen für wenig Geld viel Geschmack in faden Maisbrei und andere Gerichte. Auch wenn mancher europäische Koch bei der Verwendung die Nase rümpft, ist die Verwendung für afrikanische Gerichte notwendig, um den authentischen Geschmack zu treffen.

Cayennepfeffer

Es handelt sich um fein gemahlene Chilischoten und hat mit echtem Pfeffer nichts zu tun. Cayennepfeffer kommt aus den USA, er wird dort für Chili con Carne und andere scharfe Speisen verwendet.

Chiliflocken

Chiliflocken dienen zur Dekoration oder zum Nachschärfen bei Tisch. In einigen Rezepten wie der Thai-Chili-Sauce werden die Flocken verwendet, um attraktive Farbkleckse zu erhalten.

Chilipulver

Bei Chilipulver handelt es sich um gemahlene Chilischoten aus der chinesischen und afrikanischen Küche. Das amerikanische Pendant ist Cayennepfeffer. Bei Chili-Zugaben sollten Sie immer erst mit kleinen Mengen anfangen und sich langsam an die gewünschte Schärfe herantasten – besonders bei selbst gezogenen Chilis.

Dukkah

Dukkah ist eine arabische Gewürzmischung, die entweder zum Kochen verwendet wird oder mit Olivenöl und Fladenbrot als Vorspeise. Die Hauptgeschmacksrichtung ist Kreuzkümmel und allgemein Umami. Sie bekommen es in Feinkostläden und im Internet.

Dill, getrocknet

Getrockneter Dill ist das ganze Jahr über erhältlich und als Gewürz für Fisch eigentlich ein Muss. In Saucen sollte der Dill einige Zeit ziehen, damit er Gelegenheit bekommt, sich mit Feuchtigkeit vollzusaugen und den Geschmack abzugeben.

Knoblauchgranulat

Um Knoblauchgeschmack in Würzmischungen zu bringen, eignet sich Knoblauchpulver oder Knoblauchgranulat. Beides wird aus getrocknetem Knoblauch hergestellt und dann vermahlen. Das Granulat ist deutlich größer und wird verwendet, wenn die anderen Bestandteile der Gewürzmischung ähnlich grob sind.

Ingwerpulver

Ingwer ist inzwischen überall und rund ums Jahr frisch erhältlich, aber für Gewürzmischungen ist die Verwendung von getrocknetem, gemahlenen Ingwer manchmal angezeigt. Sie können das Ingwerpulver auch selbst herstellen, wenn Sie den Rest von frischem Ingwer in Scheiben schneiden, trocknen und dann mahlen.

Koriandersamen

Koriander gibt es einerseits als frisches Grün, besonders für die afrikanische oder mexikanische Küche, aber auch als getrocknete Samen. Die Koriandersamen sind sehr leicht und entwickeln ihr Aroma erst richtig, wenn sie geröstet werden. Dazu erhitzen Sie diese in einer trockenen Gusseisenpfanne und mahlen sie nach dem Rösten und Auskühlen. Der frische, zitronenartige Duft passt zur Burenwurst, aber auch zu Weihnachtsgebäck.

Kräuter der Provence

Es handelt sich um eine mediterrane Gewürzmischung aus Kräutern, die in der französischen Provence wachsen und dort getrocknet werden. Grundlage sind Bohnenkraut, Rosmarin, Thymian, Lavendel, Oregano und Majoran. Seltener Estragon, Fenchelsamen oder Salbei.

Kreuzkümmel

Kreuzkümmel oder Cumin hat mit Kümmel nichts zu tun. Er gibt der türkischen Küche den typischen Geschmack. Wobei der Geruch intensiver ist als der Geschmack. Das Gewürz ist dennoch sehr intensiv und Sie sollten damit vorsichtig umgehen, um die Speisen nicht zu überwürzen.

Kurkuma

Kurkuma oder Gelbwurz ist eine dem Ingwer ähnliche Wurzel, die aber eine intensive gelbe Farbe besitzt. In der traditionellen chinesischen Medizin ist Kurkuma ein wichtiges Heilkraut und in der Küche wird es für viele Gewürzmischungen zum Färben verwendet.

Oregano, getrocknet

Getrockneter Oregano macht einen Großteil des Geschmacks in italienischen Gewürzmischungen aus. Die Pflanze ist anspruchslos und wächst gut und kräftig, was das Ernten von großen Mengen für das Trocknen erleichtert.

Paprikaflocken

Paprikaflocken bringen kaum Geschmack in ein Gericht, aber dafür einen schönen roten Farbaspekt. Sie sind nicht überall zu bekommen und werden meist für die Brühwurstproduktion eingesetzt; in der Alltagsküche finden sie nur selten Verwendung.

Pfeffer

Pfeffer ist das wohl meistverwendete Gewürz weltweit. Es ist ratsam, den Pfeffer nur als ganze Körner zu kaufen und immer kleine Mengen frisch zu mahlen. Der schwarze und weiße Pfeffer unterscheidet sich in der Schärfe kaum, aber der weiße wird gerne bei hellem Fleisch und Fisch verwendet, weil das besser aussieht als schwarze Flocken auf hellem Fisch.

Paprikapulver

Paprikapulver besteht aus getrockneten, gemahlenen Paprikafrüchten. Je nach Schärfe der Ausgangsfrucht gibt es scharfe, rosenscharfe und edelsüße Sorten. Die ungarischen werden auch gerne vor dem Mahlen geräuchert, um so einen angenehmen Rauchgeschmack in die Speisen zu bekommen.

Rosmarin, getrocknet

Rosmarin ist ein krautiger immergrüner Strauch, der sich sehr gut als Topfpflanze halten lässt und dessen Zweige meist frisch verwendet werden. Die getrockneten Blätter sind Grundbestandteil der Kräuter der Provence.

Ras-el-Hanout

Ras-el-Hanout ist eine Gewürzmischung der maghrebinischen Küche und wird seit Jahrhunderten dort verwendet. Sie ist nicht standardisiert und so unterscheiden sich die Mischungen von Region zu Region. In deutschen Supermärkten gibt es die Mischung auch als Paste aus Tuben.

Salbei, getrocknet

Die meisten Menschen kennen Salbei nur als Bestandteil von Hustentees, aber er lässt sich auch gut in der mediterranen Küche verwenden. Die getrockneten Blätter schmecken fast wie die frischen und verlieren kaum an Aroma.

Senfkörner

Sie kommen im Ganzen in einigen Gerichten vor, meist aber gemahlen mit Essig und anderen Gewürzen als Senf für Würstchen. Gemahlen oder ganz finden sie auch in Gewürzmischungen Verwendung.

Salz

Salz ist lebensnotwendig und war früher auch die Grundlage für den Reichtum von Städten, in denen Salz produziert wurde. Inzwischen gibt es neben dem Industrie-Salz wieder verschiedene heimische Salze im Angebot der Supermärkte.

Szechuanpfeffer

Szechuanpfeffer hat mit dem echten Pfeffer nichts zu tun, er sieht nur so ähnlich aus und besteht aus dunklen Körnern. Er ist leicht säuerlich.

Thymian, getrocknet

Thymian ist mit seinem typischen Geschmack ein altes Gewürz für Fleischspeisen. Es wächst in Deutschland wie Unkraut in jedem Garten und ist in der Wurstherstellung weit verbreitet.

Zimtpulver

Zimt ist die getrocknete Rinde verschiedener Arten von Zimtbäumen und kommt als Stangenzimt oder gemahlen in den Handel. Im Mittelalter galt es als eines der wichtigsten Gewürze und wurde viel bei Fleischgerichten verwendet. Heutzutage nutzt man es eher bei Backwaren und süßen Heißgetränken.

Zwiebelpulver

Beim Zwiebelpulver handelt es sich um getrocknete und gemahlene Zwiebeln, das gerne in Gewürzmischungen verwendet wird.

Zitronenpfeffer

Zitronenpfeffer ist eine Würzmischung aus Pfeffer, meist weißem, und getrockneter Zitronenschale. Manchmal wird auch noch Salz dazugegeben. Er eignet sich für Fisch, aber auch für Geflügel, und besitzt eine sehr frische Note.

IV. REZEPTE

Zubehör

- *Schaschlikspieße*

Zutaten pro Person

- *200 g dünne Streifen Rind, Schwein oder Huhn*

- *250 g Gemüse, z. B.:*
- *blanchierte grüne Bohnen (kann TK sein)*
- *Pilze (kleine Champignons oder Shiitake-Pilze)*
- *Frühlingszwiebeln*
- *Zucchinischeiben*

Für die Gewürzmischung

- *1 Teil Chilipulver (gemahlene Chilischoten)*
- *1 Teil weißer Pfeffer*
- *1 Teil Kreuzkümmel*
- *1 Teil Szechuan-Pfeffer*
- *1 Teil Salz*
- *1 Teil 13-Gewürzepulver (geht auch mit 5-Gewürze-Pulver)*

Zum Bepinseln

- *Sesamöl*

ASIEN

Shao Kao mit Fleisch, Gemüse und Pilzen

Shao Kao oder auch Shaokao ist die chinesische Entsprechung des deutschen Wortes „grillen“. Es ist ein wichtiger Teil der chinesischen Küche, bei dem es sich üblicherweise um Straßenstände handelt, die kleine Spieße mit Gemüse, Fisch, Meeresfrüchten oder Fleisch als Streetfood anbieten und die in jeder größeren Stadt zu finden sind. Die sehr dominante Würzung ist nicht etwas für jeden, kann aber nach Belieben an den europäischen Gaumen angepasst werden.

So wird’s gemacht

1. Zunächst bereiten Sie die Gewürzmischung zu und füllen damit einen Gewürzstreuer. Denken Sie daran, dass das Chilipulver die Schärfe bringt und tasten Sie sich langsam an die richtige Menge heran. Mischen Sie also zunächst alle Zutaten bis auf das Chili pulver und schmecken Sie ab. Dann fügen Sie die Schärfe in kleinen Tranchen hinzu, bis sie Ihnen zusagt.

2. Das Fleisch schneiden Sie in dünne, lange Streifen, die Sie längs auf die Spieße schieben. Es sollen kleine Happen sein, die sich gut vom Spieß abknabbern lassen.

3. Das Gemüse, wie Zucchinischeiben und Pilze, kommen auf einzelne Spieße. Die Bohnen und Frühlingszwiebeln werden quer auf je zwei Spieße gesteckt, dann lassen sie sich einfacher drehen.

4. Zum Grillen bepinseln Sie das Fleisch und Gemüse mit Sesamöl und bestreuen es mit dem Gewürzpulver. Wichtig ist, das Fleisch schnell über hoher Hitze zu grillen, sodass es innen nicht zu trocken wird und außen schon schön braun ist. Das Gemüse soll nur ein paar Röstaromen bekommen und innen noch knackig sein. Die Spieße isst man aus der Hand.

Zubehör

- *Grillspieß „Largo“, alternativ: Grillspieß „Duo“*

Zutaten

- *600 g Dinkelmehl Type 630*
- *1 Pck. Trockenhefe*
- *1 TL Salz*
- *1 TL Zucker*
- *2 TL Ras-el-Hanout*
- *2 TL Dukkah*
- *200 ml Wasser*
- *100 ml Milch*
- *50 g Butter*

Für das Topping

- *1 Ei, verschlagen*
- *Sesamsamen*
- *Schwarzkümmelsamen*

ASIEN

Würziges Pide-Brot vom Spieß

Pide ist ein Fladenbrot aus einem Hefeteig, das von Griechenland bis in den Nahen Osten bekannt ist. Besonders beliebt ist es in der Türkei und unter dem Namen Nān-e Barbarī im Iran. In seinen Herkunftsländern wird es mehrmals täglich frisch gebacken und dient als Teller, Löffel, Serviette und Beilage zu den meisten Speisen. In Deutschland sind Pide-Schiffchen, auch türkische Pizza genannt, als belegte oder gefüllte Hauptspeise bekannt.
Die folgende Zubereitungsart am Spieß wird im Nahen Osten nur selten verwendet, aber garantiert hier aufgrund der flachen Form ein schnelles Backen auf dem Grill. Die Gewürze im Teig geben dem Ganzen deutlich mehr Geschmack als das meist fade Brot aus dem Laden.

So wird's gemacht

1 Geben Sie die trockenen Zutaten in eine Schüssel und mischen Sie einmal alles gut durch. In einem Topf mischen Sie das Wasser, die Milch und die in kleine Würfel geschnittene Butter und erwärmen alles, bis die Butter geschmolzen ist. Bitte nicht heißer, sonst stirbt die Hefe! Geben Sie die Flüssigkeit nach und nach zum Mehl und kneten Sie einen Teig, der sich von der Schüsselwand löst. Gegebenenfalls müssen Sie noch etwas Wasser nachgießen.

2 Lassen Sie den Teig abgedeckt an einem warmen Ort gehen, bis er sich verdoppelt hat. Dann formen Sie 8–10 Kugeln, die Sie länglich ausrollen und entweder spiralförmig um einen Grillspieß „Duo“ wickeln oder um einen Grillspieß „Largo“ kneten. Bepinseln Sie den Teig mit dem verschlagenen Ei und bestreuen Sie ihn sparsam mit Sesam- sowie Schwarzkümmelsamen.

3 Backen Sie das Brot über mittlerer Hitze, bis sich ein eingestochener Zahnstocher sauber herausziehen lässt.

ASIEN

Tandoori-Hühnchen

Zubehör

- *Grillspieß „Largo“, alternativ: Grillspieß „Duo“*

Zutaten für 4 Personen

- *1 Hühnchen, 1,2 kg, in 10–12 Teile geschnitten, Haut entfernt*
- *250 g Naturjoghurt*
- *1 TL Kurkuma*
- *1–2 TL Chilipulver (gemahlene Chilischoten oder Cayennepfeffer)*
- *1 TL Salz*
- *2 TL Knoblauch-Paste oder entsprechende Menge fein zerriebener Knoblauch*
- *2 TL Ingwerpaste oder entsprechende Menge fein zerriebener frischer Ingwer*

Zur Dekoration:

- *Koriandergrün, Zwiebelringe und Zitronenviertel*

Tandoori-Hühnchen werden in Indien traditionell in einem Tandur gebacken. Dabei handelt es sich um einen in die Erde eingelassenen Ofen, der die Form eines hohen runden Gefäßes hat. Im unteren Bereich wird mit Holz oder Holzkohle geheizt, während die Seitenwände die Hitze speichern. Die langen Spieße werden entweder hochkant in den Ofen gestellt oder hineingehängt. Das Fleisch gart sowohl durch die Hitze der noch vorhandenen Glut, als auch durch die Strahlungshitze der heißen Seitenwände. Typisch ist die kräftige Farbe, die das Hühnchen je nach verwendeter Gewürzmischung bekommt. Indische Gewürzmischungen sind unglaublich komplex und extrem scharf. Das folgende Rezept ist auf den europäischen Geschmack und die Leidensfähigkeit hinsichtlich der Schärfe abgestimmt. Es geht aber eher um die Methode und das Prinzip, Sie können bei der Gewürzmischung ausgiebig experimentieren.

So wird's gemacht

1 Zerlegen Sie das Hühnchen in Teile (siehe Seite 47), entfernen Sie die Haut und schneiden Sie die großen Fleischpartien in fingerbreiten Abständen tief ein. Aus dem Joghurt und den Gewürzen mischen Sie eine Marinade, die Sie stark in das Fleisch einmassieren. So sollte das Hühnchen über Nacht im Kühlschrank durchziehen. Dabei macht der Joghurt das Fleisch unglaublich zart.

2 Zum Grillen spießen Sie die Hühnerteile auf einen Spieß. Hier sind die Grillspieße „Duo“ besonders hilfreich. Beim Grillen beginnen Sie über hoher Hitze, um ein paar Röstaromen zu erzeugen, dann legen Sie den Spieß an eine kühlere Stelle auf dem Grill und lassen das Fleisch langsam durchziehen. Die Grilldauer beträgt insgesamt nicht länger als 12–15 Minuten. Das Fleisch sollte innen saftig bleiben und nicht trocken werden.

3 Zum Anrichten geben Sie die Hühnerteile auf einen Teller und garnieren mit Koriandergrün, reichlich Zwiebelringen und Zitronenvierteln. Als Beilage ist Fladenbrot oder Curryreis ideal.

Zubehör

- *entweder 8 x Schaschlikspieß (2 pro Person) oder 2 x Grillspieß „Amigos“*

Zutaten für 4 Personen

- *800 g Rinderhackfleisch*
- *1 Zwiebel*
- *1 Knoblauchzehe*
- *1 Bund frische Petersilie*
- *½ TL Kreuzkümmel (vorsichtig verwenden, sehr intensiv!)*
- *1 TL Paprikapulver*
- *Salz und Pfeffer*

Für die Joghurtsauce

- *250 g Joghurt (griechischer Naturjoghurt ist gut geeignet)*
- *Saft von 1 Zitrone*
- *1 Knoblauchzehe*
- *frische Minze, nach Geschmack*
- *Salz und Pfeffer*

Zur Dekoration:

- *Zwiebelringe und Tomaten*

ASIEN

Türkische Köfte-Spieße mit Joghurtsauce

Köfte sind Spieße aus Hackfleisch, die in der Türkei oft und gerne gegessen werden. Aufgrund der religiösen Speisevorschriften bestehen diese aus Rind- oder Lammfleisch. Kaufen Sie Rindfleisch mit 20–30 % Fettanteil, sonst werden die Spieße schnell trocken. Wenn das Fleisch auf langen Spießen gegrillt werden soll, drückt der Grillmeister ein Rillenmuster mit den Händen ein, um die Oberfläche zu vergrößern und so mehr Röstaromen zu erzeugen.

So wird's gemacht

1 Zunächst geben Sie das Fleisch in eine Schüssel und reiben die Zwiebel mit einer Reibe in das Fleisch. Hacken Sie den Knoblauch ganz fein und hacken Sie ebenfalls die Petersilie. Geben Sie beides mit den übrigen Gewürzen zum Fleisch. Schmecken Sie mit Pfeffer und Salz ab.

2 Kneten Sie die Mischung, bis eine Bindung entsteht. Die Masse klebt dann an der Hand. Fertigen Sie für die kleinen Schaschlikspieße eine entsprechende Anzahl Kugeln, die Sie dann zu Rollen formen und auf die Spieße stecken. Für die großen Spieße teilen Sie die Masse und formen ebenfalls eine längliche Rolle, die Sie auf den Spieß stecken und dann mit der einen Hand langsam nach unten um den Spieß drücken, wobei die Masse immer länger wird, bis der Spieß gefüllt ist. Dann greifen Sie von oben nach unten mit Zeige-, Mittel- und Ringfinger um den Spieß und drücken auf einer Flachseite schräg Rillen in die Masse. Achten Sie darauf, dass das Fleisch sicher genug am Spieß haftet und nicht zu dünn ist oder durch das Eigengewicht herunterfällt.

3 Für die Joghurtsauce mischen Sie den Joghurt mit den restlichen Zutaten, wobei Sie bei der Minze vorsichtig sein sollten, denn der Geschmack ist für viele mitteleuropäische Gaumen gewöhnungsbedürftig.

4 Den Grillvorgang sollten Sie zunächst über einer heißen Stelle des Grills beginnen und die Spieße – sobald sie Farbe angenommen haben – über einer kühleren Stelle nachgaren lassen. Häufiges Drehen sorgt dafür, dass das ausgebratene Fett nicht in die Glut tropft, sondern wieder über das Fleisch läuft und alles schön saftig hält.

5 Zum Servieren geben Sie die Spieße auf eine Platte und garnieren sie mit der Sauce, reichlich Zwiebelringen und kleingehackten Tomaten. Traditionell kommt noch „scharfes rotes Pulver“ oder Sumach darüber.

Zubehör

- *Schaschlikspieß*

Zutaten für 4 Portionen

- *800 g Hähnchenbrustfilet*
- *500 ml Kokosmilch*
- *3 EL Currypulver*
- *2 Prisen Salz*
- *2 Prisen Pfeffer*
- *2 Prisen Zucker*
- *150 g Erdnussbutter*
- *Saft von 1 Limette*
- *2 Frühlingszwiebeln*
- *1 TL Chiliflocken*

ASIEN

Hähnchen-Saté-Spieße mit Erdnusssauce

Saté oder auch Satay ist ein Grillgericht, das ursprünglich aus Indonesien stammt und dort zum Nationalgericht wurde. Heute ist es aber auch stark in Malaysia, Singapur, Thailand und Brunei verbreitet. Saté-Spieße bestehen zumeist aus gewürfeltem oder geschnittenem Hühner-, Ziegen-, Rinder- oder Schweinefleisch, Fisch oder Tofu. In Indonesien bestehen die Spieße meist aus den Rippen von Kokospalmblättern oder Bambus, die über einem Holz- oder Holzkohlefeuer gegrillt werden. Saté kann mit verschiedenen Saucen serviert werden, meist handelt es sich aber um eine Erdnusssauce, die im deutschen Sprachgebrauch auch als Sataysauce bekannt ist.

So wird's gemacht

1. Schneiden Sie das Fleisch in flache, breite Streifen und spießen Sie es auf die Spieße. Zum Marinieren mischen Sie 100 ml der Kokosmilch mit 1 EL Curry, dazu eine Prise Salz, Pfeffer und Zucker. Diese Marinade streichen Sie auf die Spieße und lassen sie mindestens 1–2 Stunden im Kühlschrank ziehen.

2. Für die Sauce lassen Sie in einem Topf die restliche Kokosmilch zusammen mit der Erdnussbutter, einer weiteren Prise von je Salz, Pfeffer und Zucker, dem Saft einer Limette sowie dem restlichen Currypulver heiß werden. Die Masse darf aber nicht kochen! Rühren Sie diese Sauce anschließend mit einem Schneebesen glatt.

3. Grillen Sie die Spieße über mittlerer Hitze von beiden Seiten. Zum Servieren bestreuen Sie die Sauce mit Ringen von der Frühlingszwiebel und Chiliflocken. Als Beilage empfiehlt sich Basmati-Reis.

ASIEN

Naan mit Hähnchenspießen, Hummus und Salat

Zubehör

- *8 Schaschlikspieße*

Zutaten für 4 Portionen

- *800 g Hähnchenbrustfilet*
- *100 ml Olivenöl*
- *1 EL Honig*
- *1 TL Paprikapulver edelsüß*
- *1 TL Kreuzkümmel*
- *Saft von 1 Zitrone*
- *2 Knoblauchzehen*
- *1 Prise Paprikaflocken*
- *Pfeffer und Salz*
- *Naan-Brot*

Für das Hummus

- *1 große Dose Kichererbsen oder 200 g getrocknete Kichererbsen, weichgekocht*
- *1–2 Knoblauchzehen*
- *Saft von 1 Zitrone*
- *½ TL Salz*
- *100 g Tahinipaste*
- *100 ml eiskaltes Wasser*
- *½ TL Kreuzkümmel, gemahlen*
- *2 EL Olivenöl*
- *Olivenöl, zum Begießen*

Für den Salat

- *1 Römer- oder Eisbergsalat*
- *1 Salatgurke*
- *1 Avocado*
- *250 g Feta*
- *8 Kirschtomaten*
- *Salz, Pfeffer*
- *Olivenöl*

Für die Dekoration

- *Sesam und Koriandergrün*

Fast Food mal anders: Hähnchenspieße, serviert im Naan-Brot auf einem Bett aus Salat und Hummus – exotischer geht es fast nicht! Naan ist ein Fladenbrot, das in Südost- und Zentralasien sowie dem Nahen Osten bekannt ist. Ursprünglich kommt das Wort aus dem Persischen und bedeutet schlicht „Brot", verbreitete sich aber schnell in Zentralasien und dem indischen Subkontinent, wo es traditionell im Tandoori-Ofen gebacken wird. Den vielen kulturellen Einflüssen soll dieses Gericht mit Honig, Kreuzkümmel, Hummus, Feta und Avocado (Israel ist heute ein beliebtes Anbaugebiet) Rechnung tragen.

So wird's gemacht

1 Bereiten Sie zunächst das Hummus zu. Dafür müssen Sie die getrockneten Kichererbsen am Vortag in reichlich Wasser einweichen. Kochen Sie die Erbsen weich und lassen Sie diese dann abtropfen, verwahren Sie aber 50 ml vom Kochwasser und ein paar Kichererbsen zur Dekoration.

2 Verwenden Sie einen Stab- oder einen Standmixer: geben zunächst die Knoblauchzehen, den Zitronensaft und das Salz hinein und mixen es zu einem feinen Püree. Anschließend geben Sie die Tahinipaste und die 50 ml Kochwasser der Kichererbsen dazu. Schütten Sie nun nach und nach Eiswasser hinterher, bis eine glatte Masse entsteht. Jetzt geben Sie in kleinen Portionen die Kichererbsen, den Kreuzkümmel und das Olivenöl dazu und mixen alles zu einer feinen Masse.

3 Schmecken Sie nochmals ab und würzen Sie ggfs. mit Zitronensaft und Salz nach. Geben Sie diese Masse in eine Servierschüssel, streichen Sie die Oberfläche glatt und ziehen Sie mit einer Gabel ein paar Furchen hinein, in die Sie ein wenig Olivenöl träufeln. Zur Dekoration etwas Koriandergrün, Sesam und ein paar von den zurückbehaltenen gekochten Kichererbsen oben auf legen bzw. streuen.

4 Jetzt kommt das Fleisch an die Reihe. Schneiden Sie das Fleisch in Würfel und spießen Sie es gleichmäßig auf die kleinen Spieße. Aus den restlichen Zutaten mischen Sie eine Marinade und legen das Fleisch für mindestens 1 Stunde in den Kühlschrank.

5 Legen Sie die Spieße über mittlere Hitze, bis das Fleisch innen gerade so nicht mehr pink und die Außenseite schön gebräunt ist.

6 Zum Zusammenbauen bestreichen Sie das Naan-Brot mit Hummus, geben dann ein paar Salatblätter, Gurkenscheiben, halbierte Kirschtomaten, Avocado-Stücke und zerbröselten Feta darauf, sowie etwas Olivenöl, Pfeffer und Salz. Sie können den Salat aber auch zusammen anmischen und mit Olivenöl, Pfeffer und Salz abschmecken. Auf das Salatbett kommen die von den Spießen geschobenen Hähnchenwürfel und werden mit etwas Hummus bedeckt.

Zubehör

- klassische Spieße

Zutaten für 4 Personen

- 800 g fester, weißer Fisch, z. B. Seeteufelfilet, in pflaumengroße Würfel geschnitten
- 1 Zucchini
- 1 gelbe Paprika
- 1 rote Zwiebel

Für die Marinade

- 1 kleines Glas eingelegte getrocknete Tomaten
- 1 Zwiebel
- 3 Knoblauchzehen
- Saft von 1 Zitrone
- frisches Koriandergrün
- 1 EL Honig
- ½ TL Zimtpulver
- ½ TL Kreuzkümmel
- Chilipulver, nach Geschmack

AFRIKA

Marokkanische Fischspieße

Da Marokko am Mittelmeer liegt, spielt Fisch in der Küche eine große Rolle. Als Gewürze kommen Zimt, Kreuzkümmel und frischer Koriander zum Einsatz. Die Marinade wird mit dem Stabmixer zerkleinert.

So wird's gemacht

1 Zunächst lassen Sie die getrockneten Tomaten abtropfen und fangen das Öl auf. Dann schneiden Sie alle Zutaten für die Marinade grob klein und geben alles in einen hohen Behälter. Pürieren Sie die Zutaten mit einem Stabmixer. Geben Sie vom Öl der Tomaten so viel dazu, dass eine flüssige Marinade entsteht. Füllen Sie die Marinade in eine Schüssel, geben Sie die Fischwürfel mit hinein und lassen Sie den Fisch 3–4 Stunden im Kühlschrank durchziehen.

2 Schneiden Sie für die Spieße die Zucchini längs mit einem Sparschäler in Streifen. Die Paprika schneiden Sie in passende Stücke zum Aufspießen und die Zwiebel in Viertel, die Sie dann in einzelne „Blätter" auseinandernehmen. Dann spießen Sie abwechselnd den marinierten Fisch, die Zwiebel, die zusammengelegte Zucchini und die Paprika auf einen Spieß auf.

3 Grillen Sie über mittlerer Hitze, bis der Fisch innen noch ganz leicht glasig ist. Das Gemüse kann ruhig noch knackig sein.

TRAMON
CHURRASCO

AFRIKA

Lamm-Sosaties

Zu einem afrikanischen Braai, eine Art des Grillens, die vor allem in Namibia und Südafrika gängig ist, gehören Lamm-Sosaties unbedingt dazu. Dort wird vor allem Lamm oder Schaf gegessen, weil in den kargen Gegenden die Weidewirtschaft am ausgeprägtesten ist. Dazu passt Maisbrei, genannt Meali-Pap, mit einer einfachen Chakalaka-Sauce.

Zubehör

- *Schaschlikspieße, alternativ: klassische Spieße*
- *Dutch Oven*

Zutaten für 4 Personen

- *800 g Lammfleisch im Stück, Keule oder Lachse*
- *8 getrocknete Aprikosen*
- *1–2 Knoblauchzehen*
- *200 ml Orangensaft*
- *1 EL Rotweinessig*
- *1 EL Currypulver*
- *Chilipulver oder Cayennepfeffer, nach Geschmack*
- *Salz, zum Abschmecken*

Für das Meali-Pap

- *1 l Wasser, kalt*
- *1 Brühwürfel*
- *1 TL Salz*
- *350 g Maismehl (fein wie Puder), vorzugsweise echtes Mealie-Mehl*
- *Butter, nach Belieben*

Für die Chakalaka-Sauce

- *1 große Zwiebel*
- *2 Knoblauchzehen*
- *Öl zum Braten*
- *½ TL Zucker*
- *1 große Fleischtomate*
- *Pfeffer und Salz*

So wird's gemacht

1 Zunächst weichen Sie die Aprikosen in warmem Wasser für einige Stunden ein. Die Aprikosen sollten entsteint sein. Dann teilen Sie diese in Hälften, sodass pro Person 4 halbe Aprikosen mit auf den Spieß kommen.

2 Schneiden Sie das Lammfleisch in pflaumengroße Würfel und spießen Sie es mit den Aprikosen auf die Spieße. In einer Schale, in die die Spieße gut hineinpassen, mischen Sie die anderen Zutaten zu einer Marinade. Legen Sie die Spieße über Nacht in den Kühlschrank. Wenden Sie sie gelegentlich, damit die Marinade überall eindringen kann.

3 Geben Sie für das Mealie-Pap das kalte Wasser, den zerbröselten Brühwürfel und das Salz in einen Dutch Oven, schütten Sie das Mehl dazu und schlagen es kräftig mit einem Schneebesen durch, bis keine Klumpen mehr zu sehen sind. Stellen Sie den Topf über die Glut und bringen Sie die Flüssigkeit unter Rühren zum Kochen. Nach und nach quillt das Mehl auf und der Brei wird fest – sollte er zu fest werden, strecken Sie ihn mit ein wenig Wasser. Kurz vor dem Servieren ziehen Sie nach Geschmack etwas Butter unter.

4 Schneiden Sie in der Zwischenzeit für die Sauce die Zwiebel und die Tomate in Würfel und hacken Sie den Knoblauch fein. Erhitzen Sie etwas Öl in einer gusseisernen Pfanne auf dem Grill und geben die Zwiebel, den Knoblauch und den Zucker hinein. Sobald die Zwiebelstücke glasig sind, geben Sie die in Würfel geschnittene Fleischtomate dazu und schmecken mit Salz und genügend Pfeffer ab. Einmal aufkochen lassen und heiß servieren.

5 Zum Grillen der Spieße legen Sie diese auf einen Grill mit hoher Hitze, in Afrika verwendet man die Glut aus einem Holzfeuer. Die Spieße kommen dort auf den Grillrost zusammen mit den anderen Fleisch- und Wurstspezialitäten.

Hinweis: In einigen Gegenden wird das Fleisch abwechselnd mit Speckscheiben vom Schwanz des Fettsteißschafes aufgespießt.

Zubehör

- *klassische Spieße*

Zutaten für 4 Personen

- *800 g Hähnchenbrustfilet*

Für die Marinade

- *150 g geröstete Erdnüsse*
- *1 EL Paprikapulver*
- *1 EL Ingwerpulver*
- *1 EL Knoblauchgranulat*
- *1 EL Zwiebelpulver*
- *1 EL brauner Zucker*
- *½ EL Cayennepfeffer*
- *1 EL schwarzer Pfeffer*
- *2 EL Salz*
- *4 EL Öl*

Für den Reis

- *2 Zwiebeln*
- *3 Karotten*
- *1 Süßkartoffel*
- *1 Chilischote, frisch, gehackt*
- *2 Knoblauchzehen, gehackt*
- *3 Tomaten*
- *3 EL Tomatenmark*
- *250 g Langkornreis, ungekocht*
- *250 ml Brühe, zum Angießen*
- *2 TL Paprikapulver*
- *2 TL Thymian*
- *Pfeffer und Salz*
- *Öl, zum Braten*

Für die Dekoration

- *Zitronenspalten, Zwiebelringe, Gurken, Tomaten*

AFRIKA

Hähnchen-Suya mit Jollof-Reis

Suya bezeichnet würzige Fleischspieße, die vor allem in Westafrika ein beliebtes Gericht sind. Am häufigsten sind Rinder-, Schaf und Hähnchenspieße zu finden, aber auch Innereien wie Niere, Leber und Kutteln werden gerne verwendet. Das Fleisch wird dünn geschnitten und in Pflanzenöl mit verschiedenen Gewürzen mariniert. Es gibt kein Standardrezept für die Herstellung der komplexen Gewürzmischung, aus der die Suya-Marinade (Yaji genannt) besteht. Dazu passt Jollof-Reis, der ein sehr beliebtes Gericht in der westafrikanischen Küche ist und der seine markante rote Farbe durch Tomatenmark erhält.

So wird's gemacht

1. Zunächst bereiten Sie die Würzmischung zu. Dafür geben Sie alle Zutaten für die Marinade, bis auf das Öl, in einen Mixer und zerkleinern diese Mischung bis zur Konsistenz von Paniermehl. Nehmen Sie etwa ⅓ der Mischung für die Dekoration beim Servieren und zum Nachwürzen aus dem Mixer. Geben Sie dann das Öl zu den verbliebenen ⅔ der Mischung. Vermischen Sie die Marinade, bis sie zähflüssig ist und geben Sie gegebenenfalls noch weiteres Öl dazu.

2. Schneiden Sie das Fleisch in lange, dünne Streifen und mischen Sie es in einer Schüssel mit der Marinade. Lassen Sie das Fleisch mindestens 1 Stunde im Kühlschrank durchziehen.

3. In der Zwischenzeit können Sie den Reis vorbereiten: Putzen Sie das Gemüse und schneiden Sie es in Würfel und Spalten. Braten Sie zunächst die Zwiebeln, die Karotten, die Süßkartoffel, die klein gehackte Chilischote und den klein gehackten Knoblauch in einer großen Pfanne oder einem Dutch Oven – oder noch stilechter in einem Potjie. Sobald die Zwiebeln glasig geworden sind, geben Sie die Tomaten dazu. Nach 1 Minute machen Sie eine Stelle frei und geben dort das Tomatenmark in das Öl und braten auch das kräftig an. Nach einigen Minuten machen Sie erneut etwas Platz und schieben im Topf das Gemüse am Rand hoch, in die Mitte kommt der Reis, der leicht angebraten wird, bis er glasig wird. Löschen Sie mit der Brühe ab und geben Sie das Paprikapulver, den Thymian, den Pfeffer und das Salz dazu.

4. Ab jetzt darf der Reis nur noch bei ganz geringer Hitze köcheln, bis er unter ständigem Rühren die Flüssigkeit aufgenommen hat. Sollte er zu schnell trocken werden, aber noch nicht gar sein, geben Sie erneut etwas Brühe oder Wasser dazu. Zum Schluss noch einmal gut durchrühren und mit Pfeffer und Salz abschmecken.

5. Zum Grillen spießen Sie das Fleisch wellenförmig auf die Spieße und grillen dieses über hoher Hitze, bis es gerade durch und nicht trocken ist.

6. Zum Servieren beträufeln Sie die Spieße mit dem Zitronensaft der Zitronenspalten und geben noch weitere Würzmischung darüber. Gegessen werden die Spieße mit Jollof-Reis, Zwiebelringen, Tomaten und Gurkenscheiben.

Zubehör

- Grillspieß „Duo"

Zutaten

- Burenwurst, selbst gemacht, alternativ: frische, grobe Würste wie Salsiccia, Merguez oder Chorizo (eher dicke, kurze Sorten, weil diese besser halten)
- Mealie-Pap und Chakalaka-Sauce (siehe Seite 78)

Für die Burenwurst (1 kg Masse)

- 500 g Rindfleisch, sehnenfrei
- 500 g fettes Schweinefleisch, sollte der Bauch zu wenig Fett enthalten, kernigen Rückenspeck dazugeben
- 6 g Korianderkörner, vorher geröstet
- 16–20 g Salz
- 4 g Pfeffer
- 1 g Kreuzkümmel (Cumin)
- 20 ml Rotwein, wahlweise Rotweinessig
- Schweinedarm 28/30

AFRIKA

Boerewors nach Art der Buren

In Südafrika gehört zu jedem Grillen, Braai genannt, eine Boerewors (Burenwurst). Entweder sind die Würste in einzelne Portionswürste abgetrennt oder es handelt sich um eine große Bratwurstschnecke. Für Würstchen sind die langen Grillsspieße „Duo" gedacht, wobei die Würste quer aufgespießt werden. Bei den breiten, flachen Spießen kann es passieren, dass Sie zu viel der Haut verletzen und die Würste vom Spieß fallen. Bratwurstschnecken können so einfach gewendet werden. Der austretende Bratensaft wird traditionell auf dem Teller mit Maisbrei (siehe Seite 78) gegessen.

So wird's gemacht

1. Falls Sie die Wurst beim Metzger gekauft haben, lesen Sie bitte ab Schritt 4 weiter. Falls Sie die Wurst selbst herstellen, beginnen Sie damit, den Koriander zuerst in einer trockenen Pfanne zu rösten, bis ein herrlich frischer Duft aufsteigt. Mahlen Sie den Koriander anschließend mit den anderen Gewürzen.
2. Das Rind- und Schweinefleisch in wolfgerechte Streifen schneiden und mit den Gewürzen gut vermischen. Durch die 3-mm-Scheibe des Fleischwolfes drehen und mit dem Rotwein so lange verkneten, bis keine Fett- oder Gewürznester mehr zu sehen sind.
3. Dann die Hackmasse in Därme abfüllen und einzelne Würste abtrennen oder eine große Schnecke drehen, wie auf Seite 56 f. beschrieben.
4. Spießen Sie einzelne Würste sauber übereinander auf, sodass eine gleichmäßige Fläche entsteht, die für ein besseres Grillergebnis sorgt.
5. Grillen Sie die Würste über geringer Hitze, damit sie nicht platzen. Wichtig ist, den Saft nicht austreten zu lassen, damit das Fleisch im eigenen Saft gart.
6. Schieben Sie die Würste vom Spieß. Bei Chorizos können Sie noch einen Schritt weiter gehen und diese längs durchschneiden, sodass sie an der einen Seite noch verbunden sind und wie ein aufgeklapptes Buch aussehen. Grillen Sie anschließend die Schnittseite und die Hautseite noch einmal scharf an.

NORDAMERIKA

Moinkballs im Baconmantel am Spieß

Moinkballs sind als Fingerfood oder kleine Nascherei in den USA unheimlich beliebt, aber kaum in Restaurants zu finden. Dabei kann man diese so einfach selber machen. Der Name kommt von den verwendeten Zutaten: Rindfleischbällchen und Schweinespeck. Die Kuh macht „Muh", das Schwein macht „Oink" – „Moink" also.

Zubehör

- *Grillspieß „Fino"*

Zutaten

- *1 kg Rinderhackfleisch mit 20 % Fett*
- *25–30 Scheiben Bacon*
- *5–6 EL Magic Dust, oder BBQ-Rub nach Wahl*
- *BBQ-Sauce Ihrer Wahl zum Glasieren*

Für den Magic-Dust

- *2 Teile Paprikapulver edelsüß*
- *1 Teil Salz*
- *1 Teil brauner Zucker*
- *1 Teil Senfkörner*
- *1 Teil Kreuzkümmel (Cumin)*
- *1 Teil schwarzer Pfeffer*
- *1 Teil Knoblauchgranulat*
- *¼–1 Teil Cayennepfeffer, alternativ: gemahlene Chilischoten*

So wird's gemacht

1 Den Magic Dust können Sie auch in großen Mengen herstellen und für viele weitere BBQ-Gerichte verwenden. Luftdicht verschlossen hält er sehr lange. Mischen Sie alle groben Zutaten und mahlen Sie diese in einer Kaffeemühle, dann kommen die schon feingemahlenen Gewürze, Salz und Zucker dazu. Gut durchmischen und luftdicht aufbewahren. Durch den braunen Zucker verklebt das Gewürz bei feuchter Lagerung. Sie sollten den Cayennepfeffer bzw. die gemahlenen Chilischoten sehr sparsam einsetzen und zunächst nur ¼ der Menge zugeben und den Rub abschmecken.

2 Mischen Sie das Rinderhackfleisch mit dem Rub und kneten Sie alles durch, bis sich eine Bindung einstellt und die Masse klebt. Dann formen Sie 25–30 gleich große Bällchen aus der Masse. Diese Bällchen werden einzeln mit einer Scheibe Bacon umwickelt und sofort so aufgespießt, dass der Spieß gleichzeitig das Ende vom Bacon feststeckt. Je nach Größe von Spieß und Grill brauchen Sie ein oder zwei Spieße.

3 Grillen Sie die Moinkballs über geringer Hitze, bis das Rindfleisch im Kern 65–70 °C aufweist. Dann ist es Zeit für die Glasur. Bepinseln Sie die Moinkballs mit der BBQ-Sauce und grillen Sie diese über einer heißeren Stelle vom Grill, bis die Sauce zäh und klebrig wird. Diesen Vorgang können Sie gerne öfter wiederholen, aber passen Sie auf, dass Sie dabei die Bälle innen nicht zu trocken braten.

4 Zum Servieren reichen Sie noch ein Schüsselchen mit der zum Glasieren verwendeten BBQ-Sauce.

Zubehör

- *klassischer Spieß, alternativ: Grillspieß „Duo"*

Zutaten pro Person

- *300–400 g Hühnerflügel*
- *BBQ-Rub (gekauft oder selbstgemacht, z. B. Magic Dust von Seite 84)*
- *Sweet-Chili-Sauce, oder BBQ-Sauce mit möglichst viel Zucker*

Für den Coleslaw (6–8 Portionen)

- *1 Weißkohl, etwa 1 kg*
- *1 Zwiebel*
- *1 Karotte*
- *200 g Mayonnaise*
- *100 g Schlagsahne*
- *2 EL Essig*
- *1 EL Zitronensaft*
- *4 EL Zucker*
- *Salz und Pfeffer*

Für die Sweet-Chili-Sauce

- *125 ml Essig*
- *125 ml Wasser*
- *1–3 Knoblauchzehen, fein gehackt*
- *½ TL Chilischoten, getrocknet und geschrotet, oder frische Chilis nach Geschmack*
- *1 TL Salz*
- *150 g Zucker*
- *1 EL Speisestärke*
- *1 EL Wasser*

NORDAMERIKA

Chicken Wings am Spieß mit Coleslaw

Chicken Wings gehören einfach zum amerikanischen BBQ dazu und sie lassen sich auch sehr einfach an Spießen zubereiten. Zum Glasieren können Sie eine BBQ-Sauce Ihrer Wahl nehmen, ich bevorzuge aber die Sweet-Chili-Sauce aus China und finde, dass sie hervorragend passt. Als Beilage passt ein amerikanischer Krautsalat, Coleslaw genannt, der durch seine kühle feuchte Konsistenz ein tolles Gegengewicht zu den Wings darstellt.

So wird's gemacht

1 Bereiten Sie am Vortag die Chicken Wings und den Coleslaw zu. Waschen Sie die Hühnerflügel und schütteln Sie diese nur in einem Sieb trocken – so haftet der Rub besser. Dann rubben Sie die Flügel in einer Schüssel, bis diese rundum gut gewürzt sind.

2 Für den Coleslaw raspeln Sie den Weißkohl, um Stücke von der Größe einer Linse zu bekommen. Ebenso raspeln Sie die Zwiebel und die Karotte und geben alles in eine große Schüssel. Mischen Sie die anderen Zutaten in einer zweiten Schüssel und schmecken Sie die Sauce ab. Geben Sie nun alles zusammen und mischen den Salat gut durch. Decken Sie den Coleslaw ab und lassen Sie ihn sowie die gerubbten Chicken Wings über Nacht im Kühlschrank durchziehen.

3 In der Zwischenzeit können Sie die Sweet-Chili-Sauce herstellen. Geben Sie dafür den Essig, das Wasser, den Knoblauch, die Chili, das Salz und den Zucker in eine Kasserolle und lassen Sie alles 5 Minuten kochen. Rühren sie in einer Tasse die Speisestärke mit 1 EL Wasser glatt und geben Sie dieses in die kochende Sauce. Nach einigen Minuten dickt die Sauce an und ist fertig. Noch heiß in sterilisierte Gläser füllen.

4 Spießen Sie die Flügel auf den Spieß. Grillen Sie die Wings über geringer Hitze, sodass diese auch komplett durchgaren und nicht zu sehr verbrennen, bzw. durch den karamellisierenden Zucker im Rub zu dunkel und bitter werden. Das Fleisch soll so weich und durchgegart sein, dass es sich leicht von den Knochen löst. Zum Schluss bepinseln Sie die Flügel mit der Sweet-Chili-Sauce und erhöhen die Hitze, sodass die Sauce zäh und klebrig wird, aber nicht verbrennt oder schwarz wird.

5 Chicken Wings sind ein typisches Fingerfood, das aus der Hand gegessen wird. Sollten Sie die Flügel als Vorspeise vorgesehen haben, dann sollten Sie die angegebene Menge reduzieren. Der Coleslaw sollte vor dem Servieren noch einmal kurz durchgemischt werden. Der Salat hält sich abgedeckt einige Tage im Kühlschrank.

DELICIOUS
TASTY

NORDAMERIKA

Gegrillte Lachsspieße mit Curryreis und einer Butter-Zitronen-Sauce

Lachs ist für den Grill besonders gut geeignet, da er sehr fett ist und auch gut auf den Spießen hält, weil die Stücke groß genug sind. Denken Sie aber trotzdem daran, wie sich der Lachs verhält, wenn er gegart ist. Also sind kleine Schaschlikspieße besser als große breite, wo die Gefahr besteht, dass der Lachs, sobald er gar ist, ins Feuer fällt. Sie sollten den Lachs auch nicht übergaren, die Mitte sollte noch ganz leicht glasig sein, dann ist er perfekt saftig und lecker.

Zubehör

- *Schaschlikspieße, alternativ: klassische Spieße*

Zutaten pro Person

- *200 g Lachsfilet ohne Haut, möglichst aus dem dicken Rückenstück*
- *½ Zitrone in Scheiben zum Spießen*

Für die Marinade (4 Portionen)

- *2 durchgepresste Knoblauchzehen*
- *Saft von 1 Zitrone*
- *2 EL Olivenöl*
- *1 EL Senf*
- *Pfeffer und Salz*

Für den Reis (4 Portionen)

- *Öl, zum Anbraten*
- *1 Zwiebel*
- *200 g Reis*
- *1 EL Currypulver*
- *1 TL Salz*
- *1 l Brühe*
- *1 EL Butter*

Für die Sauce

- *2 EL Butter*
- *2 EL Mehl*
- *200 ml Sahne*
- *Saft und Abrieb von 1 Zitrone*
- *½ TL Zitronenpfeffer*
- *½ TL Salz*

So wird's gemacht

1 Schneiden Sie den Lachs in pflaumengroße Würfel. Dann vermengen Sie alle Zutaten für die Marinade und geben diese zu den Lachswürfeln, mischen alles gut durch und lassen den Lachs 2–4 Stunden im Kühlschrank durchziehen.

2 Für den Reis geben Sie etwas Öl in den Topf, schneiden die Zwiebel in feine Würfel und braten diese im Öl glasig an. Dann geben Sie den trockenen Reis dazu und braten ihn mit an, bis dieser glasig wird. Geben Sie dann das Currypulver und das Salz hinzu und löschen Sie mit der Brühe ab. Lassen Sie den Reis über geringer Hitze 20 Minuten köcheln, bis er die Flüssigkeit aufgenommen hat. Den noch heißen Reis vermischen Sie mit der Butter und rühren ihn einmal gut durch, damit er locker wird.

3 In der Zwischenzeit können Sie die Sauce zubereiten, indem Sie in einer Pfanne oder Kasserolle die Butter schmelzen und das Mehl durch ein Sieb dazu geben. Löschen Sie mit der Sahne und dem Zitronensaft ab und geben Sie den Zitronenpfeffer, den Zitronenabrieb und das Salz dazu. Lassen Sie die Sauce unter ständigem Rühren kurz aufkochen. Beim Rühren sollten Sie merken, wie die Sauce anzieht und sämig wird.

4 Schneiden Sie für die Lachsspieße die Zitrone in dünne Scheiben. Spießen Sie dann die Lachswürfel und die Zitronenscheiben abwechselnd auf die Spieße. Garen Sie den Lachs über geringer Hitze, bis er innen noch ganz leicht glasig ist. Beim Grillen ist es hilfreich, wenn Sie Spieße nutzen, die Sie direkt auf die Kanten Ihres Grills oder auf einen Spießhalter legen können und nicht auf ein Grillrost. Lachs klebt leicht am Rost fest und zerfällt beim Versuch, ihn zu lösen.

NORDAMERIKA

Bacon-Kartoffel-Spieße

Zubehör

- *Grillspieß „Amigos“, alternativ: Grillspieß „Fino“*

Zutaten pro Person

- *Kartoffeln, nicht zu groß, etwa bis Hühnereigröße, festkochend*
- *Bacon oder richtiger Rippenspeck, 3 mm dick geschnitten*
- *Pfeffer und Salz*

Speck und Kartoffeln passen eigentlich immer zusammen – was liegt da näher, als beide zusammen auf einem Spieß zu grillen? Für die schnelle Nummer garen Sie die Kartoffeln vor und umwickeln diese mit Bacon.

So wird's gemacht: rohe Kartoffel

1 Es gibt mehrere Arten, die Kartoffeln aufzuspießen. Die rohen Kartoffeln können Sie nicht mit Speck umwickeln, denn dann werden diese nicht gar, bevor der Speck verbrannt ist. Also schneiden Sie in diesem Fall die Kartoffeln in Scheiben und stecken diese abwechselnd mit Speckscheiben auf den Spieß. Beim Würzen sollten Sie mit dem Salz sparsam sein, denn der Speck gibt eine Menge Geschmack an die Kartoffel ab.

2 Grillen Sie die Spieße langsam über mittlerer Hitze, bis die Außenseite der Kartoffeln knusprig und das Innere durchgegart und weich ist.

So wird's gemacht: vorgekochte Kartoffel

1 Für die vorgekochten Kartoffeln nehmen Sie Drillinge und kochen diese in leicht gesalzenem Wasser gar. Sie können die Kartoffeln dann noch heiß aufspießen oder schon am Vortag kochen und dann gepellt verwenden. Umwickeln Sie jede Kartoffel mit einer Scheibe Bacon und spießen Sie diese so auf, dass der Bacon gleichzeitig mit festgesteckt wird.

2 Über mittlerer Hitze brauchen Sie die Kartoffeln nur so lange zu grillen, bis diese innen heiß und der Speck außen knusprig ist.

Tipp: Kaufen Sie keinen einfachen, dünnen Frühstücks-Bacon, sondern guten Rippenspeck, den es auch ohne Schwarte gibt. Dieser wird bei der Herstellung erst abgeschwartet und dann geräuchert, sodass der ganze Rauchgeschmack in das Fett einziehen kann. Sie sollten den Speck am Stück kaufen und ihn mit einer Aufschnittmaschine oder – wenn diese nicht vorhanden ist – mit einem langen Messer in schön dicke Scheiben schneiden. Den Rest können Sie im Kühlschrank in etwas Butterbrotpapier gewickelt längere Zeit aufheben – in Frischhaltefolie oder Ähnlichem fängt er schnell an zu schimmeln.

NORDAMERIKA

Erdbeer-Marshmallow-Spieße mit Whiskey-Buttersauce

Zubehör

- *Schaschlikspieße, alternativ: Grillspieß „Amigos"*

Zutaten

- *24 Erdbeeren*
- *24 Marshmallows*
- *2 EL Pistazien, fein gehackt*
- *Grand Marnier (Likör)*

Für die Sauce

- *150 g Butter*
- *250 g Zucker*
- *500 ml Sahne*
- *Whiskey nach Geschmack (100–200 ml)*

Marshmallows sind der Inbegriff der amerikanischen Freizeit am Lagerfeuer, aber man kann sie als Spieße auch gut als Dessert vorbereiten. Dazu passt eine Whiskey-Buttersauce, die so lecker ist, dass man sie löffeln möchte. Leider mit Kalorien, die den Körper nie wieder verlassen. Sie können statt des Whiskeys jede andere Spirituose nehmen – beispielsweise Grand Marnier.

So wird's gemacht

1. Spießen Sie auf jeden Spieß abwechselnd 3 Erdbeeren und 3 Marshmallows auf.
2. Bereiten Sie die Sauce zu, indem Sie die Butter in einer Pfanne schmelzen. Geben Sie den Zucker und die Sahne hinzu und lassen Sie die Masse unter ständigem Rühren kurz aufkochen. Sie sollte jetzt leicht andicken. Dann geben Sie den Whiskey dazu, damit nicht so viel von dem Alkohol verdampft. Die Sauce sollte heiß auf den Tisch, denn beim Erkalten kann sie sich wieder trennen.
3. Grillen Sie die Spieße nebenbei vorsichtig über geringer Hitze, bis die Marshmallows goldbraun sind.
4. Nehmen Sie die Spieße vom Grill, beträufeln Sie diese mit der Whiskey-Buttersauce und bestreuen Sie danach die Spieße mit den gehackten Pistazien.

SÜDAMERIKA

Kalbsbrust Asado-Style

Der beliebteste südamerikanische Zuschnitt vom Rind, neben Picanha, ist und bleibt die Rinderrippe. Diese wird üblicherweise an ein Asadokreuz gehängt und lange an einem Lagerfeuer gegart. Wir haben das Rezept etwas angepasst, damit die Einstiegshürde nicht zu hoch ist. Statt einer 12–15 kg Rinderrippe, die ein massives Gestell erfordert, ist eine Kalbsbrust mit 4–5 kg deutlich leichter und Sie müssen auch nicht gleich 15 Leute zum Essen einladen.

Zubehör

- *2 Grillspieße „Largo“*
- *falls an der Feuerstelle der Boden zu weich ist:*
  - *ein Balken mit 2 Löchern, in die Sie die Spieße stecken*
  - *Schaufel mit langem Stiel zum Schüren des Feuers*
  - *Tranchierbesteck und Schneidebrett*

Zutaten (pro Person 1 kg Frischgewicht)

- *4–5 kg Kalbsbrust mit Knochen, alternativ: speziell zugeschnittene Kalbsrippen*
- *Salmuera (mind. 1 EL Salz auf 250 ml Wasser)*
- *grobes Salz (etwa 250 g)*
- *Kräuterstrauß als Pinsel, aus Rosmarin, Thymian, Oregano und Majoran*

Für das Chimichurri

- *1 Knolle Knoblauch, fein gehackt*
- *1 Bund glatte Petersilie, fein gehackt*
- *2 TL Chiliflocken*
- *1 Bund Oregano, alternativ: 2 EL getrockneter Oregano*
- *125 ml hochwertiges Olivenöl*
- *75 ml Rotweinessig*
- *250 ml Salmuera*

So wird's gemacht

1 Das Chimichurri bereiten Sie am besten einen Tag vorher zu, damit sich die Aromen entfalten können. Vermischen Sie den Knoblauch mit der Petersilie, den Chiliflocken und dem Oregano. Dann rühren Sie das Olivenöl und den Essig dazu und geben zum Schluss die 250 ml Salmuera mit hinein.

2 Entzünden Sie für das Asado ein Feuer, das mindestens 1 Stunde brennen sollte, damit genug Glut vorhanden ist, bevor Sie den Garprozess starten. Bereiten Sie nun das Fleisch wie auf Seite 48 beschrieben vor.

3 Hängt das Fleisch sicher an den Spießen, salzen Sie es, indem Sie es mit Salmuera anfeuchten und das grobe Salz großzügig auf dem Fleisch verteilen. Stellen Sie das Fleisch so vor das Feuer, dass die Unterseite der Rippen etwa 30 cm über der Erdoberfläche beginnt.

4 Das Fleisch gart zunächst mit der Knochenseite zum Feuer. Zwischendurch bepinseln Sie das Fleisch mit dem Salzwasser. Nehmen Sie alle 15 Minuten mit der Schaufel etwas Glut aus dem Feuer und ziehen diese an das Fleisch. Durch das Anschüren der Glut wird diese deutlich heißer, als es die Flammen sein könnten. Beim Handtest (siehe Seite 32) sollten Sie bis 3 oder 4 zählen können.

5 Nach 3 Stunden sollten die Rippen auf der Innenseite soweit gegart sein, dass die Knochenenden, die aus dem Fleisch schauen, schneeweiß und trocken sind. Jetzt ist es Zeit, das Fleisch einmal zu drehen, sodass die Rippen nach außen zeigen. Nach einer weiteren Stunde sollte das Fleisch komplett durchgegart sein und eine Kerntemperatur von über 95 °C haben, also so weich wie Suppenfleisch sein.

6 Lassen Sie das Fleisch auf einem Schneidebrett kurz ruhen, ziehen Sie die Spieße heraus und schneiden es entlang der Rippen in Stücke. Traditionell gibt es dazu Chimichurri, Weißbrot und einen schweren Rotwein oder Mate-Tee.

Tipp: Ein solches Gericht ist nicht genau zu timen, daher sollten Sie es nur mit guten Grill-Freunden zubereiten, die Verständnis dafür haben, wenn es mal eine Stunde länger dauert. Jedes Kalb ist anders und nicht so standardisiert wie Argentinisches Rumpsteak aus dem Discounter.

Zubehör

- *Grillspieß „Largo“*

Zutaten für 4 Personen

- *1,2–1,5 kg Picanha, auch Tafelspitz genannt*
- *Salz*

Chimichurri
(siehe Seite 94)

SÜDAMERIKA

Picanha

Das Picanha ist ein in Südamerika sehr gern gegessener Steakzuschnitt. Entweder im Ganzen gegrillt oder aufgeschnitten auf Spießen. Es handelt sich dabei um den Tafelspitz, der an den Schwanz grenzt. Hier kennt man dieses Teilstück nur als Kochfleisch, das für das Gericht „Tafelspitz“ verwendet wird. In Südamerika wird es aber gerne gegrillt, wobei es medium rare am zartesten ist. Bei dieser Zubereitung wird das Picanha klassisch am Spieß zubereitet, also von außen angegrillt und dann scheibenweise heruntergeschnitten.

So wird's gemacht

1. Bereiten Sie das Fleisch wie auf Seite 49 beschrieben vor.

2. Bestreuen Sie das Fleisch mit reichlich Salz und grillen Sie es über hoher Hitze, bis es außen braun und knusprig ist.

3. Zum Servieren schlagen Sie mit dem Klingenrücken das überschüssige Salz ab und schneiden von der flachen Seite jeweils eine Scheibe ab, sodass der Gast sowohl Fleisch als auch etwas vom Fett bekommt. Je dicker Sie die Scheibe schneiden, desto mehr „rohes“ Fleisch bekommt der Gast. Wer es also eher well done mag, bekommt eine dünne Scheibe, wer es medium oder rare mag, der bekommt eine etwas dickere Scheibe.

4. Sie können von jedem Stück nur eine Scheibe rechts und links abschneiden, dann kommt der Spieß – mit frischem Salz versehen – wieder auf den Grill. Nach 2–3 Durchgängen auf dem Grill ist es nicht mehr möglich, Scheiben abzuschneiden, dann geben Sie das Fleisch im Ganzen aus.

5. Servieren Sie das Picanha mit Chimichurri und gegebenenfalls geröstetem Maniokmehl.

SÜDAMERIKA

Roastbeef mit Grilltomaten

In Deutschland sind nicht alle Steakzuschnitte wie in Südamerika erhältlich, aber Rumpsteak bekommen Sie an jeder Fleischtheke. Manchmal wird das Stück auch als Roastbeef oder Striploin bezeichnet. Das Fleisch sollte eher lang und dick sein, als flach und breit. Eine klassische Beilage sind Grilltomaten. Durch den hohen Wassergehalt und die weiche Struktur sind diese aber nicht einfach am Spieß zu grillen. Wählen Sie Tomaten nicht größer als ein Hühnerei. Sie sollten zwar vollreif, aber noch fest sein.

Zubehör

- *Grillspieße „Largo", für das Fleisch*
- *Grillspieße „Fino", für die Tomaten*

Zutaten pro Person

- *250–300 g Rumpsteak, wenigstens 2 Fingerbreit dick*
- *Salz*
- *grober Pfeffer*

Für die Tomaten

- *Tomaten*
- *Olivenöl, zum Bestreichen*
- *Gewürzmischung, nach Wahl*

So wird's gemacht

1 Richten Sie im Holzkohle- oder Gasgrill zwei Zonen mit starker und mittlerer Hitze ein.

2 Spießen Sie das Rumpsteak längs auf den Spieß, bei langen Spießen und ausreichender Grillfläche können Sie auch mehrere Steaks auf einen Spieß stecken. Würzen Sie reichlich mit Salz. Spießen Sie die Tomaten durch den Stielansatz Richtung Blüte auf den Spieß und bestreichen Sie sie mit Olivenöl, sodass das Gewürz besser hält. Bestreuen Sie die Tomaten mit einer Gewürzmischung Ihrer Wahl, alternativ mit Salz und Pfeffer.

3 Grillen Sie das Fleisch über mittlerer Hitze bis zur gewünschten Kerntemperatur – für ein gutes Rumpsteak sind 53–56 °C ideal, also medium rare. Wenden Sie das Steak häufig, damit es gleichmäßig gart und sich das geschmolzene Fett vom Rand auf dem ganzen Fleisch verteilt. Sobald die Kohlen aufflammen, schieben Sie den Spieß einfach zur Seite, bis die Flammen erloschen sind. Grillen Sie in der Zwischenzeit die Tomaten über hoher Hitze, sodass die Haut schnell aufplatzt und Röstaromen bekommt. Sie können dann noch weitere Gewürze auf die Tomaten streuen, durch die Feuchtigkeit an der Oberfläche werden sie gut haften. Achten Sie darauf, dass die Tomaten nicht zu weich werden und vom Spieß fallen.

4 Schieben Sie das Fleisch im Ganzen vom Spieß auf einen angewärmten Teller, streuen Sie reichlich grob gemahlenen, frischen Pfeffer auf das Stück und decken Sie das Fleisch mit einem Suppenteller ab. So kann es noch einige Minuten ruhen. Die Tomaten können direkt am Spieß serviert werden oder Sie schieben diese vorher auf einen Teller.

Tipp: Sie können die Grilltomaten zum Schluss mit zerlassener Kräuterbutter bepinseln oder auf jede Tomate ein Stück Kräuterbutter setzen, die dann durch die Wärme langsam schmilzt.

SÜDAMERIKA

Schweinerücken mit Parmesankruste

Schweinefleisch ist ja eher flach im Geschmack, aber mit Kräutern und dem würzigen Parmesan zusammen wird es zu einem Gaumenkitzel. Wichtig ist dabei, dass Sie gutes Fleisch von einem älteren Tier nehmen, wenn Sie es denn bekommen, denn das können Sie leicht rosa garen. So bleibt es viel saftiger.

Zubehör

- *Grillspieß „Fino“, alternativ: Grillspieß „Duo“*

Zutaten für 4 Personen

- *1 kg Schweinerücken, ohne Knochen und Schwarte*
- *100 g geriebener Parmesan, mehr nach Geschmack*

Für die Marinade

- *250 ml Rotwein*
- *250 ml Olivenöl*
- *1 Zwiebel, in feine Würfel geschnitten*
- *5 Knoblauchzehen*
- *4 TL getrockneter oder 3–4 Zweige frischer Rosmarin*
- *2 TL Salbei, getrocknet*
- *1 TL Oregano, getrocknet*
- *1 TL Cumin*
- *1 TL Chiliflocken*
- *1 TL Senf*
- *1 TL Salz*

So wird's gemacht

1 Geben Sie alle Zutaten für die Marinade, bis auf das Öl, in einen hohen Behälter und pürieren Sie alles mit einem Stabmixer. Geben Sie dann das Öl hinzu, setzen den Stabmixer unten auf den Boden des Gefäßes, schalten ihn auf höchste Stufe und ziehen ihn langsam nach oben. Dabei sollte sich die Marinade zu einer sämigen Masse verbinden. Es hilft, wenn Sie die getrockneten Gewürze 2 Stunden im Rotwein belassen, bevor Sie mixen. Lassen Sie das Öl während dieser Zeit neben dem Wein stehen, damit beide die gleiche Temperatur haben – dann verbinden sich Öl und Wasser besser zu einer Emulsion.

2 Schneiden Sie den Schweinerücken in daumendicke Scheiben. Geben Sie die Stücke in eine Schüssel und übergießen Sie alles mit der Marinade. Massieren Sie die Marinade gut ein und lassen Sie das Fleisch im Kühlschrank über Nacht durchziehen.

3 Spießen Sie das Fleisch so auf, dass die Scheiben flach liegen. Grillen Sie das Fleisch über hoher Hitze, bis es außen schön braun, aber innen noch leicht pink und saftig ist. Nehmen Sie die Spieße vom Grill und bestreuen Sie alle Seiten mit dem geriebenen Parmesan. Legen Sie die Spieße zurück auf den Grill und lassen Sie den Parmesan ganz leicht anschmelzen, dabei gart das Fleisch fertig.

4 Zum Servieren schieben Sie die Stücke vom Spieß auf den Teller und geben noch frischen Parmesan dazu.

STAINLESS STEEL

SÜDAMERIKA

Hähnchenherzen mit einer Gemüse-Salsa

Hähnchenherzen sind zu Unrecht eine Fleischsorte, die in der Tiefkühltruhe im Supermarkt eigentlich nur als Katzenfutter angeboten wird. Dabei sind die herrliche Konsistenz und der intensive Fleischgeschmack etwas für richtige Karnivoren unter den Grillern. Herz – ganz gleich von welchem Tier – sollte wie ein gutes Steak nicht mehr als medium gebraten werden. Dazu passt eine schön scharfe Salsa, die ihre besondere Note dadurch bekommt, dass das Gemüse direkt auf der Glut angeröstet wird und so den Rauchgeschmack aufnimmt und reichlich Röstaromen bildet.

Zubehör

- *Grillspieße „Amigos"*

Zutaten für 4 Personen

- *1 kg Hähnchenherzen*

Für die Marinade

- *250 ml Rotwein*
- *250 ml Wasser*
- *2 EL Rotweinessig*
- *1–3 Knoblauchzehen, nach Geschmack, fein gehackt*
- *1 TL Pfeffer*
- *2 TL Oregano, getrocknet*
- *1 TL Chiliflocken*
- *2 TL Salz*
- *Zitronenviertel, zum Servieren*

Für die Salsa

- *2 große Tomaten*
- *2 Zwiebeln, geschält*
- *1 rote Paprika*
- *1 gelbe Paprika*
- *1 grüne Paprika*
- *1 Jalapeño*
- *1 Knoblauchknolle, 2 Stunden in einem Glas Wasser gewässert*
- *Saft von 1 Zitrone*
- *2 EL Olivenöl*
- *1 Bund frischer Koriander*
- *1 TL Oregano*
- *1 TL Kreuzkümmel*
- *1 TL Paprikapulver, geräuchert*
- *1 TL Zucker*
- *Pfeffer und Salz*

So wird's gemacht

1 Für die Vorbereitung schneiden Sie an den Herzen mit einem scharfen Messer die harten Blutgefäße weg. Vermengen Sie die Zutaten für die Marinade und geben Sie die Herzen hinein. Mischen Sie alles gut durch und lassen Sie das Fleisch über Nacht in der Marinade ziehen.

2 Sie können das Gemüse am nächsten Tag auf dem Grill direkt in der Glut rösten oder auch auf einem Gasgrill oder sogar in einem Backofen mit Grillfunktion. Legen Sie das Gemüse und die Knoblauchknolle direkt auf die heiße, frische Glut bzw. auf den Rost vom Gasgrill. Die Tomaten können Sie leichter handhaben, wenn Sie diese ebenfalls auf einen Grillspieß „Amigos" stecken. Sobald die Paprika außen schwarz sind, geben Sie diese mit der Jalapeño in eine Plastiktüte und lassen sie dort einige Minuten im eigenen Dampf nachgaren. Die Tomaten müssen Sie gut im Auge behalten, damit sie nicht platzen. Sie sollen leicht an der Haut aufreißen und die Spitzen der Haut schwarz werden. Der Knoblauch wird so oft gedreht, bis er innen weich ist. Die Zwiebeln rösten Sie rundum braun – einige schwarze Stellen schaden nicht.

3 Pellen Sie die gegarte Paprika und die Jalapeño, um einen Großteil der Schale zu entfernen, einige schwarze Reste sind nicht schlimm. Schneiden Sie die Paprika und die Zwiebeln grob in Stücke und entfernen Sie den Stielansatz und die Kerne. Der geröstete Knoblauch sollte weich sein und einfach aus der Schale gedrückt werden können.

4 Geben Sie alle Salsa-Zutaten in einen Küchenmixer und mixen diese so lange durch, bis die einzelnen Gemüsestücke etwa Reiskorngröße haben. Dann schmecken Sie noch mit Pfeffer und Salz ab und lassen die Salsa einige Stunden im Kühlschrank durchziehen. Zum Servieren garnieren Sie sie mit etwas Petersilie und Zitronenvierteln.

5 Stecken Sie die Herzen auf den Spieß und grillen Sie diese kurz über mittlerer bis hoher Hitze, da sie schnell durchgaren. Auf keinen Fall sollten Sie sie zu lange garen, denn dann werden sie zäh und hart.

SÜDAMERIKA

Hühnerkeulen vom Spieß mit Tortilla-Chips

Zubehör

- *Grillspieß „Duo"*

Zutaten für 4 Personen

- *12 Hühnerkeulen*

Für die Marinade

- *125 ml Olivenöl*
- *1 EL Senf*
- *1 EL Oregano, getrocknet*
- *1–3 Knoblauchzehen, gehackt*
- *2 EL Zitronensaft*
- *1 TL Pfeffer*
- *2 TL Salz*
- *500 ml Bier*

Für die Tortilla-Chips-Gewürzmischung

- *3 Teile Salz*
- *2 Teile Paprikapulver*
- *1 Teil Chilipulver*
- *1 Teil Kreuzkümmel*

Für die Tortilla-Chips

- *200 g Maismehl*
- *100 g Weizenmehl*
- *1 TL Salz*
- *2 EL Öl*
- *500 ml kochendes Wasser*
- *Öl zum Frittieren*

Hühnerkeulen haben im Gegensatz zu den fettarmen Brüsten den Vorteil, dass sie nicht so schnell trocken werden. Kaufen Sie Hühnerkeulen mit Haut, aber ohne den Rückenanteil. Sie müssen also die Kugel vom Oberschenkelknochen sehen, dann ist es der richtige Zuschnitt. Zu diesem Fingerfood passen selbstgemachte Tortilla-Chips ganz wunderbar. Sie sind unglaublich einfach zu machen und schmecken frisch frittiert deutlich besser als die Tütenware.

So wird's gemacht

1. Teilen Sie die Keulen in zwei Stücke, indem Sie sie am Unterschenkel anfassen und mit dem Kniegelenk auf ein Schneidebrett setzen. Dann schneiden Sie mit einem großen und schweren Messer von der Innenseite nach außen durch das Kniegelenk.

2. Mischen Sie alle Zutaten für die Marinade, außer dem Bier, in einer Schüssel. Geben Sie die Keulen mit hinein und massieren Sie das Fleisch mit der Marinade. Dann übergießen Sie alles mit dem Bier und lassen die Keulen über Nacht im Kühlschrank durchziehen. Mixen Sie alle Zutaten der Gewürzmischung.

3. Für die Tortillas mischen Sie in einer Schüssel die beiden Mehle, das Salz und die 2 EL Olivenöl und geben das kochende Wasser in kleinen Portionen dazu. Der Teig soll nicht zu trocken, aber auch nicht zu feucht werden, sodass er sich gut kneten lässt. Wenn sich der Teig beim Rühren mit einem Holzlöffel von der Schüsselwand löst und einen Klumpen bildet, kneten Sie den Teig auf einer bemehlten Arbeitsfläche weiter, bis er geschmeidig genug ist, um ausgerollt zu werden.

4. Teilen Sie den Teig in 4 Portionen und rollen Sie jede etwa 1 Millimeter dick aus. Schneiden Sie den Teig in Dreiecke und frittieren Sie diese in heißem Öl. Wenn der Topf auf einem Grill mit offenem Feuer steht, sollten Sie sehr vorsichtig sein, damit sich das Öl nicht entzündet. Nehmen Sie die fertigen Chips aus dem Öl und lassen Sie diese auf Küchenkrepp abtropfen. Bestreuen Sie die noch heißen Chips mit der zuvor gemixten Gewürzmischung.

5. Zum Grillen der Hühnerkeulen spießen Sie die Unterkeulen, die sogenannten Drumsticks, und die Oberkeulen sortenrein auf Spieße, um die leicht unterschiedlichen Garzeiten zu berücksichtigen. Grillen Sie die Keulen über mittlerer Hitze, die Haut soll nicht schwarz, sondern langsam braun werden, damit die Hitze Zeit hat, ins Innere vorzudringen und das Geflügel sicher durchzugaren.

6. Zum Servieren schieben Sie die Keulen auf eine Platte. So kann sich jeder Gast beim Fingerfood bedienen. Dazu gibt es die Tortilla-Chips und am besten verschiedene Saucen.

SÜDAMERIKA

Lammkeule mit brasilianischem Kartoffelsalat

Sie können die Keule auf drei Arten garen: Bei der ersten ist das Fleisch innen rosa, bei etwa 65 °C Kerntemperatur. Das ist aber nicht jedermanns Sache, denn innen am Knochen kann es noch sehr roh sein, während die dünnen Stellen schon grau werden. Die zweite Art ist, das Fleisch ganz durchzugaren und auf eine Kerntemperatur von 80–85 °C zu bringen. Dann sollten auch die Haxen so weit sein, dass sie weich sind. Bei diesen beiden Arten werden die Keulen dann im Ganzen auf den Tisch gebracht und komplett aufgeschnitten. Die dritte Art ist wie beim Churrasco die äußere Schicht dick mit Salz zu bestreuen und jeweils nur Scheiben abzuschneiden, um die Keule anschließend wieder über das Feuer zu legen, damit die nächste Schicht garen kann. Dazu passt ein brasilianischer Kartoffelsalat. Wichtig ist die richtige Auswahl der Kartoffeln, sie sollten festkochend sein, damit sie nicht zerfallen.

Zubehör

- *Grillspieß „Largo", alternativ: Grillspieße „Duo"*

Zutaten für 4–5 Personen

- *1 Lammkeule mit Knochen, etwa 2,2–2,5 kg*
- *reichlich Knoblauchzehen*
- *1 Büschel Kräuter (Rosmarin, Thymian), als Pinsel*
- *Olivenöl, zum Pinseln*
- *Lammrub, oder eine Gewürzmischung Ihrer Wahl*

Für den Kartoffelsalat

- *1 kg Kartoffeln*
- *3 große Karotten*
- *nach Geschmack: grüne Erbsen, grüne Bohnen oder Maiskörner (für die Farbe) aus der Dose*
- *250 ml Mayonnaise*
- *glatte Petersilie, gehackt*
- *Pfeffer und Salz*

Für den Lammrub

- *2 Teile Senfkörner*
- *1 Teil schwarzer Pfeffer*
- *2 Teile getrockneter Rosmarin*
- *2 Teile Salz*
- *1 Teil Knoblauchgranulat*

So wird's gemacht

1 Kochen Sie die ungeschälten Kartoffeln und die geschälten Karotten am Vortag zusammen in Salzwasser weich, gießen Sie das Wasser ab und lassen Sie sie über Nacht auskühlen. Sollten die Karotten eher weich sein, dann nehmen Sie diese schon vor den Kartoffeln aus dem Wasser.

2 Am nächsten Morgen pellen Sie die Kartoffeln und schneiden diese zusammen mit den Karotten in Scheiben. Geben Sie das andere Gemüse dazu und würzen Sie mit Pfeffer und Salz. Fügen Sie die Mayonnaise und die gehackte Petersilie hinzu. Sollte alles zu zäh sein, hilft ein Schluck Gurkenwasser aus einem Glas mit sauren Gurken. Lassen Sie den Salat bis zum Abend durchziehen.

3 In der Zwischenzeit können Sie den Lammrub herstellen, indem Sie zunächst die Senf- und Pfefferkörner zusammen in eine Gewürzmühle geben – die Gewürze aber nicht zu fein mahlen! Mischen Sie anschließend die anderen Zutaten dazu.

4 Bereiten Sie die Lammkeule wie auf Seite 50 beschrieben vor und schieben Sie diese auf Spieße. Sie können die dicken Stellen auch mit in Stifte geschnittenen Knoblauchzehen spicken. Eine Keule mit Knochen schieben Sie im Ganzen auf den Spieß, sodass die Knochen parallel zum Spieß dicht an diesem liegen.

5 Zum Garen legen Sie die Keule über eine Stelle mit geringer Hitze und drehen diese gelegentlich um. Dabei pinseln Sie die Keule ein. Dafür binden Sie ein Büschel frischer Kräuter zusammen und mischen etwas Olivenöl mit der Gewürzmischung. Dann tauchen Sie die Kräuter in das Öl und nutzen es als Pinsel.

6 Die Keule braucht im Ganzen mit Knochen 2–3 Stunden, aufgeschnitten und flach ohne Knochen sollten 30–45 Minuten reichen. Kontrollieren Sie zwischendurch mit einem Kernthermometer. Vor dem Aufschneiden sollte die Keule einige Minuten ruhen.

TRAMONTINA
INOX STAINLESS
MADE IN BRAZIL

Zubehör

- *Grillspieß „Amigos“*

Zutaten für 4 Personen

- *1 kg Hähnchenbrust, ohne Haut und Knochen*
- *250 g Bacon*

Für die Marinade

- *1 große Zwiebel, in grobe Stücke geschnitten*
- *1–3 Knoblauchzehen*
- *125 ml Ketchup*
- *1 EL Senf*
- *1 TL Chiliflocken*
- *1 EL Zucker*
- *2 EL Rotweinessig*
- *Pfeffer und Salz, zum Abschmecken*

SÜDAMERIKA

Hühnerbrust mit Bacon

Hühnerbrust lässt sich hervorragend am Spieß grillen, neigt aber dazu, trocken zu werden. Hier hilft es, diese mit Bacon zu umwickeln. Die Marinade, bestehend aus Zucker, Essig und Gewürzen, sorgt zusätzlich für saftiges Fleisch und führt dazu, dass es ganz leicht karamellisiert. Ein einfaches Hühneressen, dass beeindruckend aussieht, aber nur sehr wenig Aufwand erfordert. Es ist ideal für ein Familienessen, sieht aber trotzdem ausgefallen genug für Gäste aus.

So wird's gemacht

1. Für die Marinade geben Sie alle Zutaten in ein hohes Gefäß und pürieren alles mit einem Stabmixer. Dann schneiden Sie die Hühnerbrustfilets in Stücke von der Größe eines Hühnereis. Geben Sie die Filets in die Marinade und lassen Sie das Fleisch im Kühlschrank abgedeckt über Nacht durchziehen.

2. Zum Grillen lassen Sie die Filets abtropfen und umwickeln jedes Stück mit einer Scheibe Bacon und spießen diese dann so auf, dass der Bacon gleichzeitig festgesteckt wird.

3. Garen Sie zunächst die Spieße über geringer Hitze, bis das Innere eine Kerntemperatur von über 75 °C hat. Um dem Bacon abschließend noch Farbe und Geschmack zu geben, grillen Sie kurz über hoher Hitze, bis der Bacon braun und knusprig ist.

TRAMONTINA
CHURRASCO

SÜDAMERIKA

Rolle vom Flank Steak

Das Flank Steak ist ein Teil von der Seite des Rinderkörpers. Es ist in Deutschland bei den alt eingesessenen Metzgern nicht als solches bekannt und wenn, dann eher unter dem Namen Bavette. Es findet in der traditionellen deutschen Metzgerei den Weg in die Wurst, aber nicht auf den Grill, was eigentlich schade ist. Das Stück liegt zwischen 500 und 1200 Gramm und besitzt sehr lange Fasern. Flank Steaks sollten nur medium rare bis medium gegrillt werden. Sie lassen sich einfacher kauen, wenn Sie diese quer zur Faser in dünne Streifen schneiden.

Zubehör

- *Grillspieß „Duo“*
- *Küchenschnur*

Zutaten für 4 Personen

- *1 Flank Steak um 1 kg, in der Mitte aufgeschnitten*

Für die Füllung

- *1 Handvoll frischer Spinat*
- *200 g Feta*
- *5 getrocknete Tomaten, klein gehackt*
- *10–12 Oliven, klein gehackt*
- *frisches Basilikum*
- *italienische Kräuter (Oregano, Thymian)*
- *2 EL Olivenöl*
- *Pfeffer und Salz*

So wird's gemacht

1 Der Zusammenbau ist etwas kompliziert im Ablauf, sorgt aber dafür, dass Sie im Anschluss die Scheiben quer zur Faser schneiden. Zunächst schneiden Sie das Steak in der Mitte so durch, dass Sie eine große Fleischplatte bekommen. Eigentlich handelt es sich dabei um den Schmetterlingsschnitt, der aber durch die flache Form nicht einfach ist und ein erhöhtes Maß an Fingerfertigkeit und Messerbeherrschung verlangt. Lassen Sie dies im Zweifel von Ihrem Metzger machen.

2 Legen Sie die Fleischplatte so vor sich, dass die Fasern von rechts nach links verlaufen. In einer Schüssel vermischen Sie alle Zutaten für die Füllung und streichen diese auf das Fleisch. Lassen Sie rundum 2 Fingerbreit frei. Dann rollen Sie das Fleisch von unten nach oben hin auf und binden es mit dem Küchengarn zusammen, wie beim Spießbraten auf Seite 53 beschrieben. Es soll eine gleichmäßige Rolle ergeben, bei der die Fasern längs verlaufen.

3 Schieben Sie den langen Grillspieß „Duo“ längs durch die Rolle, damit diese auch sicher hält. Sollte das noch zu „wackelig“ sein, schieben Sie einen zweiten Spieß von der anderen Seite hinein, aber um 90 ° versetzt.

4 Grillen Sie die Rolle über hoher Hitze scharf an und lassen Sie diese dann langsam über geringer Hitze nachziehen, bis der Kern bei 53 °C liegt. Entfernen Sie die Spieße und schneiden Sie die Rolle zwischen den einzelnen Bindfäden in Scheiben, sodass jede Scheibe noch von dem Band zusammengehalten wird.

Zubehör

- *Grillspieß „Largo"*

Zutaten für 6–8 Personen

- *1 Ananas, vollreif*
- *250 ml Rum (darf ruhig guter mit reichlich Geschmack sein)*
- *250 g brauner Zucker*
- *1 EL Zimt, gemahlen*

SÜDAMERIKA

Ananas vom Spieß

Eine gegrillte Ananas ist ein fruchtiges Dessert vom Grill und der typische Abschluss in einem Rodizio-Restaurant. Diese wird dort seit Beginn dieses gastronomischen Konzeptes so zelebriert. Sicherlich auch, weil Brasilien ein wichtiges Anbaugebiet für diese Südfrucht ist. Der süß-saure Geschmack der Frucht, gespickt mit den köstlichen Rauch- und Röstaromen kommt nach den starken Aromen des Fleisches beim Gaumen besonders gut an.
Sie sollten sich diese leckere und einfach vorzubereitende Nachspeise nicht entgehen lassen. Meist lasse ich meine Gäste die Ananas selber grillen, es finden sich immer Griller unter den Gästen, die das gerne übernehmen. Sie trauen sich an die Ananas eher ran als an das Fleisch.

So wird's gemacht

1 Geben Sie die geschälte Ananas (siehe Tipp) zusammen mit dem Rum in einen Zip-Lock-Beutel. Drücken Sie die überschüssige Luft heraus und lassen Sie die Frucht unter häufigem Wenden 1–2 Stunden ziehen.

2 Spießen Sie die Ananas anschließend längs auf den Spieß. In einem flachen Suppenteller mischen Sie den Zucker mit dem Zimt und wälzen die Ananas darin, bis sie rundum gut „paniert" ist.

3 Beim Zubereiten gibt es 2 Möglichkeiten. Bei der ersten Zubereitungsart arbeiten Sie mit einem Kugel- bzw. Gasgrill, wobei Sie die Ananas unter dem Deckel indirekt bei rund 150 °C 1 Stunde komplett durchgaren und zwischendurch ab und zu in der Zuckermischung wälzen. Stellen Sie eine Schale unter die Ananas, da diese tropft und die klebrige Zuckerlösung schwer zu entfernen ist. Die Ananas schneiden Sie dann komplett auf einmal auf.
Die andere Art nennt sich „Asado"-Style. Dazu legen Sie den Spieß über die heiße Glut und grillen unter ständigem Drehen die Ananas nur so weit, dass der Zucker karamellisiert. Am Tisch schneiden Sie dann von der Außenseite Streifen herunter, wie beim Picanha (siehe Seite 96). Danach wälzen Sie die Ananas erneut im Zucker, grillen und schneiden anschließend wieder Scheiben ab. Das wiederholen Sie, bis Sie an dem harten Strunk in der Mitte angekommen sind.

> **Tipp:** Um die Ananas spiralförmig einzuschneiden, müssen Sie diese zunächst dünn mit einem Sparschäler schälen. Sie sehen nun die Vertiefungen und deren spiralförmigen Verlauf. Folgen Sie den Spiralen mit einem kleinen Obstmesser und schneiden Sie keilförmige Rinnen in das Fruchtfleisch.

EUROPA

„Russenspieße" mit Essigzwiebeln

„Russenspieße" sind russische Schaschlikspieße, aber der Name Russenspieße hat sich allgemein durchgesetzt. Das Grillen ist in Russland nicht nur Nahrungsaufnahme, sondern eine gesellige Veranstaltung, während die einen am Feuer stehen und sich um das Fleisch kümmern, bereiten die anderen die Beilagen zu. Gegrillt wird entweder in der freien Natur oder auf der Datsche, dem kleinen Stückchen Garten mit Häuschen, das viele russische Familien besitzen.

Zubehör

- *klassischer Spieß, alternativ: Grillspieß „Fino"*

Zutaten für 6–8 Personen

- *2–3 kg Schweinenacken, in gulaschgroße Würfel geschnitten*

Für die Marinade

- *750 ml Mineralwasser, mit viel Kohlensäure*
- *5 El Senf, mittelscharf*
- *4 Metzgerzwiebeln, gehackt*
- *1 TL Cayennepfeffer*
- *5 Lorbeerblätter*
- *2 EL Ajvar, scharf*
- *5 Knoblauchzehen, fein gewürfelt*
- *10 Wacholderbeeren*
- *Saft von 1 Zitrone*
- *1 EL Salz*
- *1 EL Pfeffer*

Zum Servieren

- *Ajvar, Saure Sahne, Graubrot und Wodka*

Für die Essigzwiebeln

- *5 große Zwiebeln*
- *500 ml Branntweinessig, geht aber auch mit Kräuteressig oder Gurkenaufguss*
- *Pfeffer und Salz*
- *½ Bund Petersilie*

So wird's gemacht

1 Bereiten Sie die Marinade zu, indem Sie alle Zutaten mischen. Schneiden Sie das Fleisch in gulaschgroße Würfel und geben Sie es in die Marinade. Lassen Sie das Fleisch unter gelegentlichem Umschichten 1–2 Tage im Kühlschrank durchziehen. Dabei lockert die Kohlensäure aus dem Mineralwasser das Gewebe und das Fleisch wird zart.

2 Bereiten Sie am Vortag die Essigzwiebeln zu, indem Sie die Zwiebeln in grobe Ringe schneiden und in einer Schüssel mit dem Essig übergießen. Dazu kommt reichlich schwarzer Pfeffer und Salz. Zum Schluss die gehackte Petersilie dazugeben, alles einmal durchkneten und über Nacht im Kühlschrank ziehen lassen.

3 Nehmen Sie das durchgezogene Fleisch aus der Marinade, lassen Sie es grob abtropfen und stecken Sie es auf die Spieße. Traditionell wird das Fleisch über einem Glutbett aus einem abgebrannten Feuer mit 2 Reihen Backsteinen als Auflage gegrillt. Da die Glut aus dem Feuer nicht so lange hält wie Holzkohle, müssen Sie in diesem Fall das Fleisch auf einmal grillen, denn für eine zweite Runde reicht die Glut nicht. Egal ob Sie ein Holzfeuer, einen Kugel- oder Gasgrill verwenden, das Fleisch muss häufig gewendet und über hoher Hitze gegrillt werden.

4 Als Beilage reichen Sie die Essigzwiebeln, Ajvar, Saure Sahne, Graubrot und Wodka.

TRAMONTINA
TRAMONTINA

Zubehör

- *klassische Spieße*

Zutaten für 4 Portionen

- *400 g Mozzarella*
- *2–4 kleine Zucchini*
- *16 Kirschtomaten*
- *Olivenöl, zum Bestreichen*

Für das Gyrosgewürz

- *8 Teile Oregano*
- *4 Teile Thymian*
- *2 Teile Paprika edelsüß*
- *1 Teil Kreuzkümmel, gemahlen*
- *2 Teile Zwiebelpulver*
- *1 Teil Knoblauchpulver*
- *4 Teile Basilikum*
- *2 Teile Rosmarin, gemahlen*
- *1 Teil Koriander, gemahlen*

EUROPA

Zucchini-Mozzarella-Spieße

Für Vegetarier oder als Vorspeise oder Beilage ist ein klassischer Zucchini-Mozzarella-Spieß ideal geeignet. Sie müssen beim Grillen den Spieß im Auge behalten, damit der Käse nicht so weich wird, dass er herunterfällt. Durch das Einwickeln in die Zucchini bekommt der Käse aber mehr Halt.

So wird's gemacht

1. Schneiden Sie den Käse in 16 Würfel und die Zucchini mit dem Sparschäler in lange Scheiben. Wickeln Sie die Käsewürfel in die Scheiben der Zucchini.

2. Jetzt spießen Sie abwechselnd einen eingewickelten Käsewürfel und eine Cocktail-Tomate auf. Sie können die restlichen Zucchini-Stücke noch dazwischen stecken, wenn welche übrigbleiben. Bei der unterschiedlichen Größe der Zucchini kann man schlecht feste Zahlen angeben, verlassen Sie sich daher einfach auf Ihr Augenmaß.

3. Stellen Sie das Gyrosgewürz her, indem Sie alle Zutaten gut mischen. Bepinseln Sie die Spieße mit Olivenöl, damit das Gyrosgewürz haftet und streuen Sie dann reichlich davon auf die Spieße.

4. Grillen Sie die Spieße in einem heißen Grill, bis die Haut der Tomaten platzt und die Zucchini und der Käse erste Röstaromen bekommen. Die hohe Hitze ist wichtig, damit die Spieße nur außen Farbe und Geschmack bekommen, aber innen noch kalt sind und zusammenhalten.

Zubehör

- *Schaschlikspieße, alternativ, wenn die Pilze deutlich größer als Hühnereier sind: Grillspieß „Fino“*

Zutaten für 4 Personen (2–4 Pilze je nach Größe pro Person)

- *400 g Champignons*

Für die Marinade

- *100 ml Olivenöl*
- *50 ml Balsamicoessig*
- *2 EL Honig*
- *2 Knoblauchzehen, gepresst*
- *je 1 TL getrockneter Oregano und Thymian*
- *½ TL Pfeffer und Salz*

EUROPA

Marinierte Champignons vom Spieß

Champignons gibt es das ganze Jahr über zu kaufen, die Größe aber ist nicht immer gleich und hängt davon ab, wie oft die Kultur bereits abgeerntet wurde – von kirschgroßen Pilzen bis zur Größe eines Hühnereis ist alles möglich. Je größer die Champignons sind, desto besser halten diese auf den Spießen. Sollten Sie nur an die kleinen herankommen, dann müssen Sie auf die kleinen Schaschlikspieße zurückgreifen.

So wird's gemacht

1. Mischen Sie die Marinade in einer Schüssel. Der Honig löst sich leichter, wenn Sie die Masse leicht erhitzen.
2. Füllen Sie die Pilze mit der Marinade in eine Plastiktüte. Drücken Sie möglichst viel Luft heraus und knoten Sie die Tüte zu. Es geht auch in Vakuumbeuteln, dann darf allerdings kein Vakuum gezogen werden, weil die Pilze sonst ihre Form verlieren. Schweißen Sie den Beutel mit einem Vakuumierer nur zu. Lassen Sie die Pilze einige Stunden im Kühlschrank marinieren.
3. Spießen Sie die Pilze auf und grillen diese über mittlerer Hitze von beiden Seiten, bis sie weich sind.
4. Servieren Sie die marinierten Champignons entweder mit Weißbrot als Vorspeise oder als Beilage zu Rindersteaks.

Tipp: Wenn es schnell gehen muss, bepinseln Sie die Pilze einfach mit geschmolzener Kräuterbutter und lassen das Marinieren weg.

Zubehör

- *Mutzbratengrill, Alternativen siehe Kasten*
- *Grillspieß „Largo“*

Zutaten pro Person

- *250 g Schweinenacken, möglichst wie ein Würfel geschnitten*
- *Senf (Born-Senf)*
- *Majoran*
- *Pfeffer und Salz*
- *1 mittlere Zwiebel, in Scheiben*
- *1 Knoblauchzehe, zerdrückt*
- *Dunkelbier*

EUROPA

Mutzbraten

Der Mutzbraten ist eine traditionelle Spezialität aus dem Altenburger Land und Thüringen. Sicherlich gibt es ebenso viele Rezepte wie Mutzbraten-Griller. Der Name kommt von Mutz, dem mundartlichen Ausdruck für Schwein. Gegrillt wird er traditionell vor einem Feuer aus frischem Birkenholz, was ihm zusätzlich Geschmack verleiht.

So wird's gemacht

1 Zunächst schneiden Sie den Schweinenacken in faustgroße Stücke von etwa 250 g.

2 Zum Marinieren reiben Sie das Fleisch mit Senf ein und „panieren“ es mit getrocknetem Majoran. Pfeffern und salzen Sie es im Anschluss und schichten Sie die Stücke mit der in Scheiben geschnittenen Zwiebel und dem zerdrückten Knoblauch in eine Schüssel. Gießen Sie mit so viel Dunkelbier auf, dass das Fleisch knapp bedeckt ist. So sollte das Fleisch wenigstens über Nacht, besser 2 Tage, abgedeckt im Kühlschrank durchziehen. Wenden Sie alle paar Stunden die Stücke, damit das Bier auch an alle Stellen gelangen kann.

3 Vor dem Grillen spießen Sie das Fleisch auf und hängen die Spieße vor ein Feuer aus frischem Birkenholz. Wenn Sie die Rückseite der Hand vor das Fleisch halten, sollten Sie bis 3 zählen können, bevor Sie die Hand wegziehen müssen. Dann stimmen Hitze und Entfernung (siehe Seite 32). Unter ständigem Drehen garen Sie das Fleisch, bis es außen gut gebräunt ist und im Kern 75–85 °C erreicht hat.

4 Zum Servieren schieben Sie den Mutzbraten vom Spieß auf den Teller und richten ihn mit Beilagen an. Als Beilagen empfehlen sich Graubrot, Sauerkraut und Senf, als Getränk natürlich ein Schwarzbier.

Alternative Grillvariante: Wer kein Feuer aus Birkenholz machen möchte, der kann auch getrocknete Birkenholz-Chunks aus dem Grillfachhandel einweichen und auf dem Kohle- oder Gasgrill verwenden. Alternativ kann man auch mit Apfelholz- oder Buchenholz-Chunks arbeiten.

EUROPA

Steckerlfisch

In Bayern sind Steckerlfische eine regionale Spezialität, die dort oft und gerne bei Volksfesten gegrillt und gegessen werden. Neben regionalen Fischarten wie Renken oder Saiblingen eignen sich auch andere fettreiche Fische wie Forellen oder Makrelen. Die Fische sollten Portionsgröße haben, damit sie auch im gegarten Zustand am Spieß halten und nicht durch das Eigengewicht ins Feuer fallen. Die Fische werden traditionell in Papier gewickelt und auf diesem mit den Händen gegessen. Zum Schluss wickelt man die Reste in das Papier und ist fertig mit dem Abwasch.

Zubehör

- *Grillspieße „Fino"*

Zutaten pro Person

- *1 Portionsfisch (Forelle, Makrele, Saibling o. Ä.)*
- *Öl, zum Bestreichen*

Für den Fisch-Rub

- *2 Teile Salz*
- *1 Teil brauner Zucker*
- *1 Teil weißer Pfeffer*
- *1 Teil getrockneter Dill*
- *1 Teil Koriandersamen*

So wird's gemacht

1 Stellen Sie am Vortag den Fisch-Rub her, indem Sie die groben Zutaten mahlen und mit den übrigen zusammenmischen. Der Dill wird nicht gemahlen, da er ohnehin sehr fein ist. Bestreichen Sie die Fische mit Öl und reiben Sie sie mit dem Fisch-Rub ein. Auch wenn es „Rub" heißt, sollten Sie bei dieser Gewürzmischung sehr vorsichtig sein, indem Sie nur wenig verwenden und auch nur auf der Fleischseite eines Fischfilets. Lassen Sie den Fisch über Nacht im Kühlschrank durchziehen.

2 Das Aufspießen ist etwas knifflig. Der Spieß sollte mit der flachen Seite ebenso orientiert sein wie der Fisch, um nicht zu viel Fleisch zu zerschneiden. Orientieren Sie sich bitte an der Anleitung auf Seite 49.

3 Grillen Sie den Fisch unter ständigem Drehen über mittlerer Hitze, bis die Haut braun und knusprig ist. Legen Sie den fertig gegrillten Fisch auf ein Blatt Butterbrotpapier und ein Blatt Zeitungspapier. Ziehen Sie den Spieß heraus. Sollte es etwas kleben, dann klappen Sie einfach das Papier um und halten so den Fisch fest.

4 Als Beilage passen eine Brezel mit Butter oder eine Semmel, dazu als Getränk natürlich ein schönes Bier.

EUROPA

Spießbraten

Kaum etwas ist so typisch Deutsch wie Spießbraten und Marschmusik. Dieses Rezept soll daher in diesem Buch auf keinen Fall fehlen. Das Zurechtschneiden und Rollen des Bratens gestaltet sich oft etwas schwierig, zur Not kann dies aber auch der Metzger für Sie erledigen.

Zubehör

- *Grillspieß „Largo", alternativ: Grillspieß „Duo"*
- *Küchengarn*

Zutaten für 6–8 Personen

- *2,2–2,4 kg Schweinenacken, ohne Knochen am Stück*
- *125 ml Senf*
- *3 mittelgroße Zwiebeln*
- *1 rote Paprikaschote*

Für die Gewürzmischung

- *2 Teile Salz*
- *2 Teile Pfeffer, gemahlen*
- *2 Teile Paprika rosenscharf*
- *2 Teile Majoran*
- *2 Teile Thymian*
- *1 Teil Knoblauchpulver*
- *1 Teil Zwiebelpulver*

So wird's gemacht

1 Zuerst mischen Sie alle Bestandteile der Gewürzmischung gut durch und bewahren diese luftdicht in einer Dose auf. Aufgrund der unterschiedlichen Korngröße und Gewichte entmischt sich das Gewürz, daher sollten Sie die Dose nur halb füllen und vor Gebrauch gut schütteln.

2 Schneiden Sie dann den Braten so auf, dass eine lange, gut daumendicke „Fleischplatte" entsteht. Diese legen Sie quer vor sich auf den Tisch und bestreichen sie mit reichlich Senf (siehe Seite 52). Dann würzen Sie großzügig mit der Gewürzmischung, behalten aber noch etwas für außen zurück.

3 Schneiden Sie die Zwiebeln und die Paprika in erbsengroße Würfel. Verteilen Sie Zwiebel und Paprika auf dem Fleisch und rollen Sie es dann zusammen. Binden Sie den Braten wie auf Seite 53 beschrieben.

4 Schieben Sie jetzt den Spieß längs durch den Braten. Auch ein Grillspieß „Duo" ist denkbar, dann lässt sich der Braten aber nur von zwei Seiten grillen, weil Sie diesen Spieß nur auf zwei Arten flach auflegen können. Beim indirekten Garen auf dem Kugelgrill ist das aber kein Problem. Sobald der Braten sitzt, sollten Sie den Spieß einmal zur Probe drehen. Passt alles und das Fleisch sitzt fest und wackelt nicht oder dreht frei, würzen Sie es mit dem restlichen Gewürz auch von außen.

5 Zum Grillen sollte der Spießbraten neben dem Feuer oder der Glut gegrillt werden, nicht darüber. Das geht auch sehr gut in einem Kugel- oder Gasgrill mit untergestellter Schüssel für die Säfte und indirekter mittlerer Hitze. Die untergestellte Bratreine sollte immer mit etwas Wasser gefüllt sein, damit der abtropfende Bratensaft nicht anbrennt und Sie ihn später noch mit Brot aufstippen können.

6 Ein solcher Braten braucht bei mittlerer Hitze etwa 2 Stunden, denn er soll auch innen komplett durchgegart sein und über 75 °C im Kern aufweisen, damit er auch zart ist.

7 Zum Servieren schieben Sie ihn vom Spieß auf ein Brett und schneiden Scheiben ab. Spießbraten ist ein rustikales Gericht, dazu passt am besten Kartoffelsalat, Brot und Bier.

Zubehör

- *Grillspieß „Largo" für vertikales Grillen oder 1–2 Grillspieße „Duo" für horizontales Grillen*

Zutaten für 8 Personen

- *1 Schweinenacken, 2,2–2,4 kg*
- *500 g griechischer Joghurt*
- *250 ml Olivenöl*
- *5–6 EL Gyrosgewürz (siehe Seite 118)*
- *2–3 Knoblauchzehen, nach Geschmack*
- *evtl. Salz zum Nachwürzen*
- *1 große Gemüsezwiebel*

Für das Zaziki

- *1 Salatgurke*
- *500 g griechischer Joghurt, 10 % Fett*
- *500 g Quark*
- *4–6 Knoblauchzehen, fein zerrieben*
- *Olivenöl nach Geschmack*
- *Pfeffer und Salz, zum Abschmecken*

EUROPA

Gyros mit Zaziki

Jeder kennt vom Griechen das Gyros vom Drehspieß, der vertikal aufgestellt wird und sich vor einer Hitzequelle dreht. Es geht aber genauso gut mit einem waagerechten Spieß über einer Holzkohleglut oder in einem Gasgrill mit einem Spießhalter.

So wird's gemacht

1 Am Vortag schneiden Sie den Schweinenacken in bleistiftdicke Scheiben. Dann mischen Sie den Joghurt mit dem Öl und den Gewürzen. Hacken Sie den Knoblauch klein und mengen Sie diesen unter die Joghurtmischung. Mischen Sie die Fleischscheiben mit der Marinade gut durch.

2 Für das Zaziki halbieren Sie die Salatgurke und entfernen die weichen Kerne. Dann raspeln Sie die Gurke in ein Sieb, damit das Wasser ablaufen kann und das Zaziki nicht verwässert. Um noch mehr Wasser aus den Gurkenraspeln zu bekommen, geben Sie diese in ein sauberes Geschirrtuch und wringen es aus. Mischen Sie dann die Raspeln mit dem Joghurt, dem Quark, den fein zerriebenen Knoblauchzehen sowie einem guten Schuss Olivenöl und schmecken Sie mit Pfeffer und Salz ab. Das Zaziki und das marinierte Fleisch sollten über Nacht im Kühlschrank durchziehen.

3 Beim Aufspießen beginnen Sie mit der Gemüsezwiebel, die Sie zunächst pellen, ohne dabei das Wurzelende oder die Spitze abzuschneiden, und anschließend quer halbieren. Fixieren Sie den Spieß so, dass er mit der Spitze aufrecht und sicher nach oben steht. Beginnen Sie mit der halben Zwiebel, die Sie als Basis benutzen und daher mit der Schnittfläche nach oben aufspießen. Dann kommen die ersten Scheiben Fleisch. Die kleinen Abschnitte verstecken Sie im Inneren des Spießes und überstehende Zipfel sollten Sie abschneiden, damit diese noch mit eingebaut werden können. Halten Sie auf jeden Fall eine schöne und etwas dickere Scheibe für den Abschluss bereit. Nach der letzten Fleischscheibe spießen Sie die andere Hälfte der Zwiebel mit der Schnittseite Richtung Fleisch auf. Damit sich das Fleisch nicht mitdreht, können Sie einen Grillspieß „Duo" von der anderen Seite so in das Fleisch stecken, dass Sie einen stabilen Spieß mit Griffen an beiden Seiten erhalten.

4 Beim Grillen sollten Sie mit hoher Hitze arbeiten. Das Fleisch wurde durch die Marinade bereits besonders zart, natürlich möchte man aber auch viele krosse Stellen. Sobald die erste Schicht fertig gegart ist, schneiden Sie mit einem langen und scharfen Messer in langen, ziehenden Bewegungen schräg zu den Fleischscheiben das Fleisch ab. Danach kommt der Spieß wieder auf den Grill, um die nächste Schicht zu garen. Je weiter Sie sich zur Mitte vorarbeiten, desto instabiler wird das Fleisch. Dann sollten Sie den Spieß entfernen und den Rest auf einem Schneidebrett in passende Stücke schneiden und in einer Gusseisenpfanne oder auf einer Plancha fertigbraten.

EUROPA

Lammkoteletts mit Kräutern der Provence und bunter Gemüsepfanne

Die Provence ist bekannt für ihre Kräuter und Lavendelfelder, aber auch für Olivenöl, Gemüse und die Schafherden an der Küste. Was liegt also näher, als diese Dinge zu einem typischen Gericht aus der Provence zu kombinieren – einfach, aber gut! Achten Sie daher auf gute Zutaten und hochwertiges Olivenöl. Lamm ist in Deutschland ein seltener gegessenes Fleisch, obwohl bei guter Herkunft von jungen Tieren der „schafige" Geschmack überhaupt nicht durchkommt. Wichtig ist aber, dass das Lamm heiß gegessen wird, und da bieten sich Spieße an, die erst dann vom Feuer genommen werden, wenn die Gäste mit Beilagen eingedeckt sind. Geben Sie jedem Gast erst mal nur ein oder zwei Koteletts und, wenn diese aufgegessen sind, vom nächsten Spieß wieder frische, heiße.

Zubehör

- *Grillspieß „Duo"*

Zutaten für 4 Personen

- *12 Lammkoteletts*

Für die Marinade

- *125 ml Olivenöl*
- *1 TL Kräuter der Provence*
- *2 Knoblauchzehen, fein gehackt*
- *½ TL Pfeffer*
- *½ TL Salz*

Für die Gemüsepfanne

- *1 große Zwiebel*
- *1 rote Paprika*
- *1 gelbe Paprika*
- *1 grüne Paprika*
- *1 Aubergine*
- *1 Zucchini*
- *2 Knoblauchzehen*
- *Öl zum Braten*
- *1 TL Kräuter der Provence*
- *1 TL Zucker*
- *Pfeffer und Salz*
- *500 ml Tomaten aus der Dose, stückig*

So wird's gemacht

1 Schneiden Sie zunächst von den Lammkoteletts das überschüssige Fett ab und mischen Sie aus dem Öl, den Kräutern, dem Knoblauch, Pfeffer und Salz eine Marinade. Massieren Sie diese in das Fleisch ein und lassen Sie es einige Stunden im Kühlschrank ziehen.

2 Für die Gemüsepfanne schneiden Sie das frische Gemüse in Streifen und den Knoblauch in kleine Stücke. In einer schweren Gusseisenpfanne erhitzen Sie das Öl und braten die Gemüsestreifen scharf an, bis die Zwiebel leicht glasig wird. Geben Sie die Kräuter und Gewürze dazu und löschen Sie mit den Tomatenstückchen und dem Saft aus der Dose ab.

3 Zum Grillen spießen Sie das Fleisch auf die Spieße und legen diese über mittlerer Hitze auf den Grill. Das Fleisch sollte innen noch leicht rosa sein, damit es zart bleibt. Lamm muss heiß gegessen werden, daher sollten Sie je nach Menge nicht gleich alle Spieße servieren, sondern nach und nach frische, heiße Koteletts.

4 Servieren Sie dazu einen trockenen, kräftigen roten Landwein und frisches französisches Landbrot.

EUROPA

Ente vom Spieß

Eine gegrillte Ente ist auf dem Oktoberfest oder ganz allgemein in Bayern ein sehr beliebtes Gericht und dabei gar nicht schwer in der Zubereitung. Enten ohne Innereien mit einem Gewicht von 2,1 kg sind dabei der bessere Kauf gegenüber denen mit 2,4 kg inklusive der Innereien, da wir diese und den Hals beim Grillen nicht gebrauchen können. Auf keinen Fall sollten Sie Enten mit weit über 2,5 kg kaufen, denn dann stößt ein Spieß an seine Grenzen.

Zubehör

- *Grillspieß „Duo“*
- *Küchengarn*
- *Holzspieße*

Zutaten für 2 Personen

- *1 Ente, 2,1 kg*
- *Majoran, Pfeffer und Salz für innen und außen*

Für die Füllung

- *1 Apfel*
- *2 Zwiebeln*
- *10 Trockenpflaumen, ohne Stein*
- *2 EL Majoran*
- *1 TL Pfeffer*
- *1 TL Salz*

So wird's gemacht

1 Waschen Sie die Ente von außen und innen gut ab und entfernen Sie die überschüssige Haut am Hals und die Flomen (Bauchfett) im Inneren. Dann zupfen Sie gegebenenfalls noch vorhandene Federreste. An den Flügeln entfernen Sie das letzte Glied, denn das verbrennt ohnehin und ist praktisch ohne Fleisch. Dann würzen Sie die Ente innen reichlich mit Pfeffer, Salz und Majoran.

2 Für die Füllung schneiden Sie den Apfel, die Zwiebeln und die Trockenpflaumen in kleine Würfel und würzen mit dem Majoran, Pfeffer und Salz. Füllen Sie die Masse in die Ente und verschließen Sie diese wie auf Seite 54 beschrieben.

3 Zum Grillen gibt es verschiedene Möglichkeiten: Sie können die Ente auf einem Kugel- oder Gasgrill indirekt bei mittlerer Hitze grillen und eine Edelstahlform zum Auffangen des Bratensaftes unterstellen. Eine weitere Möglichkeit bietet ein Vertikalgrill, bei dem Sie neben der Ente die Kohlen anordnen und nur in der Strahlungshitze garen. Auch hierbei stellen Sie eine Schüssel für den Bratensaft unter. Bei all' diesen Grillgeräten braucht die Ente in etwa 2 Stunden, bis sie gar ist.

4 Peilen Sie eine Kerntemperatur von 85 °C in der Füllung an, dann ist der Rest auch gut durchgegart und vor allem weich. Um die Haut kross und knusprig zu bekommen, erhöhen Sie in der letzten ½ Stunde die Temperatur – zuvor muss die Ente aber die Zieltemperatur erreicht haben.

5 Wollen Sie eine leckere Sauce zur Ente zaubern, dann geben Sie in die Tropfschale Reste von der Füllung, den Hals (falls vorhanden) und die Flügelabschnitte. Auf jeden Fall müssen Sie ca. 1 l Wasser zugeben, damit der Fleischsaft und das Fett nicht anbrennen. Den Flüssigkeitsstand sollten Sie im Verlauf des Grillens kontrollieren, damit immer genug Flüssigkeit vorhanden ist.

6 Kochen Sie die Flüssigkeit aus der Tropfschale auf und binden Sie sie mit Speisestärke, einem Saucenbinder oder Mehlbutter. Sie können auch das Gemüse mit einem Pürierstab bearbeiten und so die Sauce andicken.

7 Tranchieren Sie die Ente am Tisch wie auf Seite 55 beschrieben. Dazu passen Klöße und Rotkohl sehr gut.

Zubehör

- *1 Grillspieß pro Person, „Largo", möglichst lang*

Zutaten pro Person

- *1 Apfel, Boskop oder Cox Orange eignen sich gut*
- *Zucker und Zimt*
- *zerlassene Butter*

EUROPA

Bratapfel vom Spieß

Bratäpfel sind eine leckere Dessert-Alternative, wenn es draußen richtig kalt ist. Noch dazu können Kinder diese selbst zubereiten und haben somit zusätzlichen Spaß am Grillen. Viele Äpfel auf einem Spieß zu braten ist schwierig, da sie, wenn sie richtig weich sind, leicht ins Feuer fallen, daher sollten sich alle ums Lagerfeuer verteilen und jeder seinen eigenen Apfel braten – hier bietet es sich an, kleine Schalen mit Zucker und Zimt zu verteilen. Dieses Dessert ist zumindest ein wenig gesünder als die extrem süßen Marshmallows, die sonst gerne am Feuer zubereitet werden.

So wird's gemacht

1. Spießen Sie den Apfel vom Stiel zur Blüte auf das Ende des Spießes. Bestreichen Sie ihn mit zerlassener Butter und rollen Sie ihn in der Zucker-Zimt-Mischung. Das geht am besten in einem Suppenteller.

2. Halten Sie den Apfel in die mittlere Hitze über die Glut oder seitlich an ein Feuer. Nach einiger Zeit wird die äußere Schicht weich und der Zucker karamellisiert. Jetzt können Sie die äußere, weiche Schicht abknabbern.

3. Danach wird der Apfel wieder mit der Butter bestrichen und in Zucker und Zimt gewälzt. Backen Sie die nächste Schicht, knabbern Sie sie ab, wälzen Sie den Apfel in Zucker und Zimt und so weiter, bis Sie am Kerngehäuse ankommen.

Ein bisschen Geschichte … Besonders aus dem amerikanischen Bürgerkrieg ist überliefert, dass Soldaten abends am Lagerfeuer die karge Verpflegung dadurch aufbesserten, dass sie die am Tage während des Marsches gesammelten Äpfel auf die langen, dreikantigen Bajonette spießten und am Lagerfeuer garten. Bis am Anfang des Ersten Weltkrieges die zentrale Truppenverpflegung eingeführt wurde, bekam jeder Soldat die Verpflegung roh ausgehändigt und musste sich selbst bekochen, wobei auch hier, ein halbes Jahrhundert später, das Bajonett ein wichtiges Küchenutensil war.

AUSTRALIEN

Gegrillte Shrimps mit Piri-Piri

Die Aussies sind verrückt nach Fisch und Meeresfrüchten, denn ein Großteil der Bevölkerung lebt an den Küsten, von denen Australien fast 26.000 km besitzt. Außerdem lieben sie afrikanische und asiatische Einschläge im Essen – und scharf muss es auch sein.
Garnelen sind inzwischen zu einer Delikatesse geworden, die in jedem Supermarkt in der Tiefkühlabteilung liegt. Ein Beutel mit 1 kg Gewicht bietet mit einem Abtropfgewicht von 800 g Garnelen für 4–5 Personen.

Zubehör

- *je nach Größe der Garnelen: Schaschlikspieße oder Grillspieß „Amigos"*

Zutaten für 4–5 Personen

- *1 kg Shrimps (TK, 800 g Abtropfgewicht)*
- *Limetten, zum Servieren*

Für das Piri-Piri

- *2–5 kleine rote Chilis (nach Geschmack)*
- *250 ml Olivenöl*
- *1 TL Paprika rosenscharf*
- *1 TL Oregano*
- *1 Knoblauchzehe*
- *1 TL Salz*

Für die Marinade

- *250 ml Olivenöl*
- *2 Knoblauchzehen, fein gehackt*
- *1 kleine rote Chili, fein gehackt*
- *1 TL Paprikapulver rosenscharf*
- *1 TL Oregano*

So wird's gemacht

1 Bereiten Sie einige Tage vor dem eigentlichen Grillevent das Piri-Piri zu, indem Sie den Knoblauch fein hacken und mit grobem Meersalz und der Breitseite des Kochmessers zerreiben. Hacken Sie die Chilischoten fein und mischen Sie sie mit dem Knoblauch und den anderen Zutaten. Lassen Sie es im Kühlschrank über Nacht durchziehen.

2 Für die Marinade vermischen Sie das Öl mit den Gewürzen und der fein gehackten Chili und Knoblauchzehen. Pinseln Sie die Shrimps damit ein und lassen Sie diese einige Stunden im Kühlschrank stehen. Die ungenutzte Marinade zum Bepinseln während des Grillens aufbewahren.

3 Die Shrimps spießen Sie auf Schaschlikspieße und grillen sie über mittlerer Hitze, bis sie rot werden. Dabei öfter wenden und immer wieder mit der Marinade bepinseln.

4 Zum Servieren reichen Sie Limettenscheiben oder Zitronenspalten und das Piri-Piri. Als Getränk natürlich ein australisches Bier in Dosen, direkt aus der Kühlbox mit viel Eis.

Zubehör

- *Grillspieß „Duo" und evtl. Schaschlikspieße zum Feststecken*

Zutaten für 2–3 Personen

- *1 Grillhähnchen, ca. 1,2 kg*
- *Öl, zum Bepinseln*

Für den Geflügel-Rub

- *2 Teile Salz*
- *2 Teile Paprikapulver*
- *2 Teile Knoblauchgranulat*
- *1 Teil schwarzer Pfeffer*
- *1 Teil Kreuzkümmel*
- *1 Teil Koriandersamen*
- *¼–1 Teil Cayennepfeffer*

AUSTRALIEN

Butterfly-Hähnchen

Hühner und anderes Geflügel lassen sich mit einem einfachen Trick wunderbar im Ganzen am Spieß braten. Dazu schneiden Sie mit einer Geflügelschere das Rückgrat heraus und drücken den Vogel platt. So können Sie mit einem Grillspieß „Duo" den ganzen Vogel zusammen mit anderen Spießen grillen, und das Geflügel wird gleichmäßig gar.

So wird's gemacht

1. Bereiten Sie das Hähnchen wie auf Seite 51 beschrieben vor.

2. Stellen Sie jetzt den Rub her: Mahlen Sie die groben Zutaten relativ fein, das haftet bei Geflügel besser. Mischen Sie bis auf den Cayennepfeffer alle Zutaten zusammen. Geben Sie ¼ des Cayennepfeffers dazu und probieren Sie, ob Ihnen die Schärfe zusagt, ggfs. geben Sie noch mehr hinzu. Sie können – wenn Sie den Rub eher süß mögen und das Grillgut nicht zu heiß gegrillt wird – noch 1–2 Teile Zucker dazugeben.

3. Würzen Sie das Fleisch mit dem Geflügel-Rub und spießen es wie auf Seite 51 gezeigt auf den Grillspieß „Duo". Je nach Größe kann es hilfreich sein, noch quer dazu 1 oder 2 Schaschlikspieße zu verwenden, um etwas mehr Stabilität in die Konstruktion zu bringen.

4. Beim Grillen beginnen Sie mit der Körperinnenseite zur Hitzequelle auf höchstens mittlerer Hitze, damit das Hühnchen auch langsam durchgart. Das dauert in etwa 40 Minuten. An den Knochen sollte es weiter gegart sein als am Rest, damit es sich sowohl leicht vom Knochen löst, als auch schön saftig ist. Zum Fertigstellen drehen Sie das Hühnchen um und grillen es etwa 20 Minuten auf der Hautseite.

5. Sie können die Haut auch ab und zu mit einer Salzwasserlösung mit etwas Paprikapulver (für die Farbe) bepinseln. Dazu lösen Sie 2 Esslöffel Salz und 1 Esslöffel Paprikapulver in 125 ml Wasser auf.

6. Das Fleisch ist fertig, wenn Sie an der dicksten Stelle des Schenkels einstechen und der Saft, der austritt, nicht mehr rot, sondern klar ist. Auf einem Kerntemperaturthermometer sollte nun über 65 °C angezeigt werden, besser sind bei Geflügel aber 70 oder 75 °C, um auf der sicheren Seite zu sein.

AUSTRALIEN

In Bier marinierte Hanging-Tender-Spieße mit Bierbrot

Zubehör

- *Grillspieß „Largo"*
- *Dutch Oven mit 6–8 l Fassungsvermögen (Alternative siehe Tipp)*

Zutaten für 4 Personen

- *1 kg Hanging Tender*
- *2 EL Senf*
- *4–5 EL Rub Ihrer Wahl, beispielsweise Magic Dust (siehe Seite 84)*
- *Rosmarin, Thymian, Petersilie, nach Wahl*
- *330 ml Bier*

Für das Bierbrot

- *500 g Mehl Type 405 oder 550*
- *3 EL Zucker*
- *1 TL Salz*
- *1 Päckchen Backpulver*
- *1 EL getrocknete Röstzwiebeln, nach Geschmack*
- *1 EL Speckwürfel, nach Geschmack*
- *330 ml Bier*

Australier lieben Bier in allen Varianten und kochen auch gern damit. Ein Bierbrot passt daher ideal zu diesen Hanging-Tender-Spießen. Das Bier gibt dem Brot nicht nur Geschmack, die Kohlensäure besitzt auch noch Triebkraft und lockert so den Teig auf. Beim Hanging Tender handelt es sich um den Nierenzapfen, der früher von den Metzgern selber gegessen wurde und selten in den Verkauf kam.

So wird's gemacht

1 Schneiden Sie das sauber parierte Hanging Tender in Quadrate, reiben Sie diese mit Senf ein und geben Sie den Rub und Kräuter Ihrer Wahl dazu. Gießen Sie das Ganze mit dem Bier auf und lassen Sie es im Kühlschrank über Nacht marinieren.

2 Mischen Sie für das Brot alle trockenen Zutaten in einer Schüssel, geben Sie das Bier dazu und kneten Sie den Teig, bis er sich von der Schüssel löst. Formen Sie eine Kugel und drücken Sie diese platt, sodass sie gut in den Dutch Oven passt und rundum noch 1 Fingerbreit Platz bleibt.

3 Legen Sie den Teig in den gefetteten und gut bemehlten Dutch Oven und heizen Sie mit geringer Hitze von unten und mittlerer Hitze von oben. Die Backdauer variiert zwischen 15 und 30 Minuten, je nach Dicke des Brotes. Sie sollten daher alle 10 Minuten nachschauen, was das Brot macht, und die Backzeit anpassen.

4 Nebenbei können Sie das Hanging Tender abtropfen lassen und es flach auf die Spieße stecken. Grillen Sie das Fleisch über hoher Hitze an, bis es Farbe bekommen hat, und lassen Sie es dann über mittlerer Hitze kurz nachziehen. Hanging Tender sollte medium rare bis medium gegrillt sein, damit es nicht zäh wird.

Tipp: Das Bierbrot können Sie auch flachdrücken und als Fladen auf dem Grill oder direkt auf den Kohlen backen.

AUSTRALIEN

Känguruspieße mit Kartoffeln aus dem Camp Oven

Zubehör

- *Grillspieß „Largo"*
- *Dutch Oven mit 6–8 l Fassungsvermögen*

Zutaten für 4 Personen

- *1 kg Känguru-Steaks*
- *125 g Salz*
- *125 g Zucker*
- *5–6 Zweige frischer Thymian oder 2 EL getrockneter*
- *1 TL Pfeffer*

Für die Kartoffeln

- *1 kg kleine, festkochende Kartoffeln*
- *Olivenöl*
- *einige Zweige Rosmarin*
- *3–4 Knoblauchzehen*
- *Pfeffer und Salz*

Kängurus sind in Australien eine Landplage, da sie mit dem Weidevieh um das Gras konkurrieren. Die Känguru-Steaks kommen als Tiefkühlware in Deutschland an und sind inzwischen überall erhältlich, zur Not hilft ein Spezialitätenversand. In diesem original australischen Rezept werden die Steaks mit Salz und Zucker gepökelt. Dazu passen Kartoffeln aus dem Camp Oven. Australier lieben Rosmarin und zusammen mit Kartoffeln, Olivenöl und viel Knoblauch wird daraus eine hervorragende Beilage. Der Dutch Oven heißt in Australien Camp Oven und wird viel und gerne benutzt.

So wird's gemacht

1 Mischen Sie die Zutaten zu einer Gewürzmischung. Das Fleisch sollten Sie schon jetzt so schneiden, dass Sie es auf den Spieß stecken können. Da die Zuschnitte je nach Verfügbarkeit bei diesem Exoten sehr stark variieren können, kann man hier keine allgemeinen Angaben machen. Mischen Sie dann die Fleischstücke mit der Gewürzmischung, sodass alles gut bedeckt ist. In einer abgedeckten Schüssel lassen Sie das Fleisch 1 Tag im Kühlschrank pökeln.

2 Geben Sie das Fleisch in ein Sieb über die Spüle, lassen Sie es gut abtropfen und spülen Sie den Rest der Mischung ab. Es ist viel zu viel Salz in der Pökelmischung, also muss diese runter. Sie können die Steaks anschließend auch noch ½ Stunde ins Wasser legen, um den Salzgeschmack abzumildern.

3 In der Zwischenzeit können Sie die Kartoffeln zubereiten: Schneiden Sie diese in pflaumengroße Stücke, die Schale kann dran bleiben. Geben Sie reichlich Olivenöl in den Dutch Oven und braten Sie darin die Kartoffeln an. Dann geben Sie die Rosmarinzweige und die zerdrückten Knoblauchzehen dazu. Würzen Sie mit reichlich Pfeffer und Salz und backen die Kartoffeln mit geschlossenem Deckel und mittlerer Hitze von oben und unten, bis sie weich sind. Das dauert je nach Sorte und Wetterbedingungen 30–60 Minuten.

4 Wenn die Kartoffeln langsam weich werden, können Sie die Spieße über mittlerer Hitze grillen, bis das Kängurufleisch medium ist – also bis zu einer Kerntemperatur von 56–58 °C.

5 Servieren Sie die Känguruspieße mit den Kartoffeln aus dem Camp Oven. Dazu passt ein frischer Salat.

TRAMONTINA

MÄNNER AM GRILL

DAS BUCH, DAS MANN BRAUCHT

Buch + hochwertiges Jumbo-Steakmesser von Tramontina

im Set: Hardcover (128 Seiten) & hochwertiges Tramontina-Steakmesser (Kiefernholzgriff, 12 cm-Klinge aus rostfreiem Edelstahl) 300 x 330 x 25 mm

€ (D) 24,99

ISBN: 978-3-95843-877-4

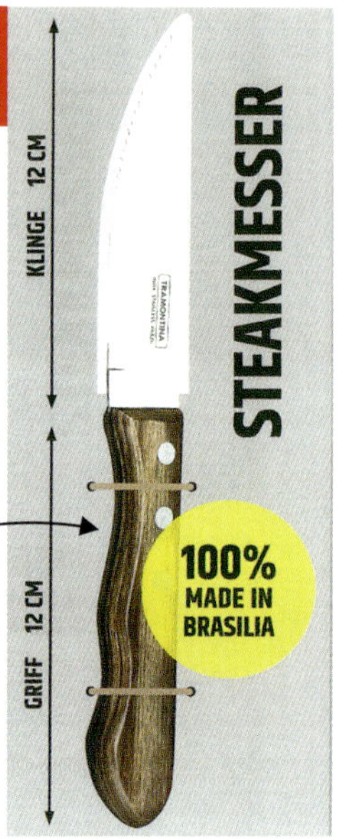

GRIFF AUS ECHTHOLZ (FSC GEPRÜFT)

Schnörkellos, authentisch, eine Spur archaisch, ohne Firlefanz und mit einem einzigen Protagonisten: Fleisch. Wenn Männer grillen, ganz ohne Rücksicht auf Nährwerte und Vegetarier, kommt genau das dabei heraus. Garniert mit viel Leidenschaft, hemdsärmelig und ohne üppige vitaminkontaminierte Beilagen. Oliver Sievers weiß, dass Männer genau das mögen und hat mit seinen Rezepten genau ins Schwarze getroffen. Einfach zuzubereiten, mit spektakulärer Optik, jeder Menge Gaumenkitzel – und etlichen Ideen, die auch passionierte Experten am Rost noch nicht kennen.

- Hochwertiges „Buch-plus"-Paket – mehr braucht MANN nicht
- Grillweltmeister Oliver Sievers liefert die Rezepte und verrät seine besten Tipps
- Messer mit Kiefernholzgriff, Klinge aus rostfreiem Edelstahl

144 Seiten, zahlreiche Farbfotos, 185 x 225 mm, Softcover

€ (D) 9,99

ISBN: 978-3-96664-350-4